MADRID 2 DE MAYO

MADRID 2 DE MAYO

CRÓNICA DE LAS 24 HORAS QUE AMARGARON A NAPOLEÓN

FRAY JUAN IGNACIO CUESTA

nowtilus

Colección: Historia Incógnita
www.historiaincognita.com

Título: Madrid 2 de mayo
Subtítulo: Crónica de las 24 horas que amargaron a Napoleón
Autor: © Fray Juan Ignacio Cuesta

Copyright de la presente edición: © 2008 Ediciones Nowtilus, S.L.
Doña Juana I de Castilla 44, 3º C, 28027 Madrid
www.nowtilus.com

Editor: Santos Rodríguez
Coordinador editorial: José Luis Torres Vitolas

Diseño y realización de cubiertas: Rodil & Herraiz
Maquetación: Juan Igancio Cuesta

ISBN-13: 978-84-9763-540-0
Fecha de edición: Abril 2008

Printed in Spain
Imprime: GRAFO S.A.
Depósito legal: BI-996-08

«*Si en el frente os encontráis a un soldado mal afeitado, sucio, con las botas rotas y el uniforme desabrochado, cuadraos ante él, es un héroe, es un español...*»

Jürgens, general de artillería del XXXVIII cuerpo de la Werhrmacht.

A Mari Cruz, María, Víctor, Duende y Heliodoro, sufridores pasivos de toda obra de creación.

ÍNDICE

Nota:
Todas las entradillas sin pie pertenecen a:
Benito Pérez Galdós:
Episodios Nacionales: El 19 de marzo y el 2 de mayo.

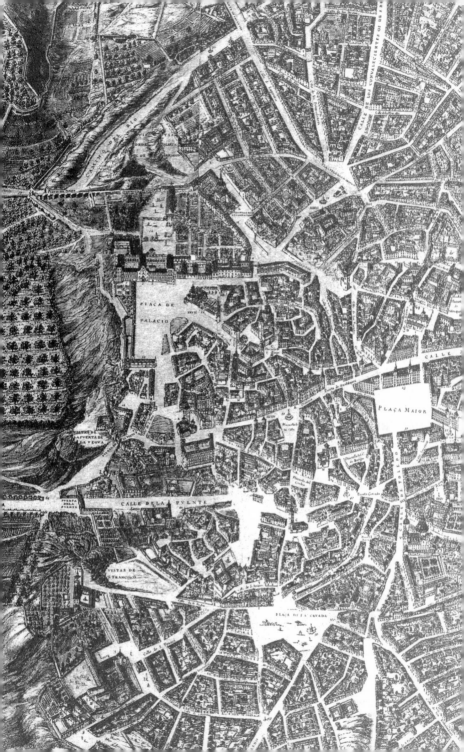

CALLE DE LOS CVATROVICENTES DE FR...

PLAÇA DE PALACIO

CALLE 2

PLAÇA MAIOR

Puerta Cerrada

CALLE DE LA PVENTE

PVERTA DELA PVENTE

VISTAS DE S. FRANCISCO

PLAÇA DE LA CAVADA

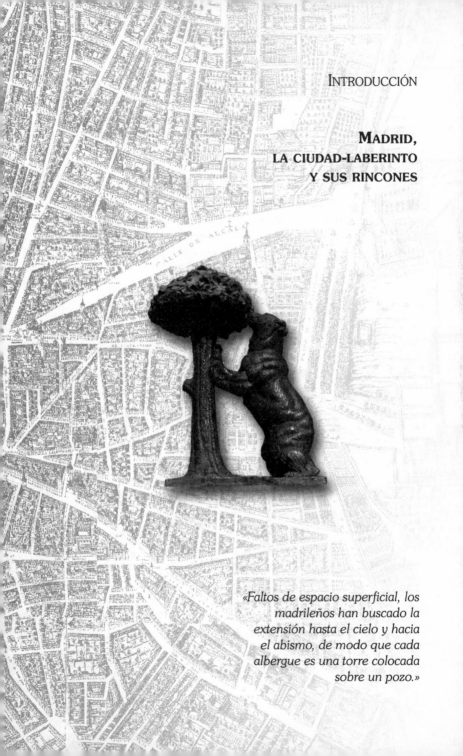

INTRODUCCIÓN

MADRID,
LA CIUDAD-LABERINTO
Y SUS RINCONES

*«Faltos de espacio superficial, los
madrileños han buscado la
extensión hasta el cielo y hacia
el abismo, de modo que cada
albergue es una torre colocada
sobre un pozo.»*

UNA CIUDAD NACE SIEMPRE a partir de un primer sitio donde alguien ha encontrado su lugar, ya sea por unas u otras razones. A partir de ahí, poco a poco se van añadiendo elementos de todo tipo. El crecimiento supone también que va a haber una serie de modificaciones que la cambiarán paulatinamente.

No está claro a partir de qué momento se convierte en un laberinto lleno de rincones y paisajes a veces muy distintos, que son el teatro de innumerables peripecias. Tampoco importa saberlo, pero sí que muchas han sido olvidadas sin remedio. Sin embargo, afortunadamente hay otras que forman parte de la memoria colectiva que recoge la historia, tan laberíntica ésta como el alma de la propia ciudad.

Lo dicho sirve en casi todas partes. ¿Saben que del desarrollo total del alcantarillado de Londres, París o Roma, por ejemplo, no tenemos datos fiables? No hay planos completos de todo un mundo oculto que muy pocos conocen. Incluso debe haber sitios completamente olvidados. También lo de arriba es reflejo de lo de abajo y, a pesar de estar a la vista, oculta numerosos misterios. Humberto Eco, en *El Péndulo de Foucault*, hace la siguiente afirmación: «... *la casa es falsa. Es una fachada, una estructura sin techos ni interiores. Vacío. No es más que la boca de salida de una chimenea. Sirve para la ventilación y la descarga de vapores del metro regional. Y cuando uno se da cuenta, tiene la impresión de estar frente a la boca de los infiernos, sólo con que lograse atravesar esas paredes, podría acceder al París subterráneo. He llegado a estar horas y horas delante de esas puertas que ocultan la puerta de las puertas, la estación de salida para el viaje al centro de la Tierra...*». Está hablando de un edificio parisino situado entre la Gare de l'Est la Gare du Nord.

En Madrid también hay edificios que parecen ocultar alguna puerta extraña a un mundo ignoto y sorprendente. Sobre todo en su parte más antigua. Si usted se fija, al pasar junto al moderno y flamante edificio del Senado, tras una reja verá un lienzo de la antigua muralla, donde podrá apreciar la existencia de un arco hoy ciego y enigmático, que parece destinado a que alguien se plante delante y declame un *¡Ábrete Sésamo!* rotundo con resultados impredecibles. ¡Vaya y compruébelo, no se arrepentirá!

Una de las cosas que mi imaginación recrea con más frecuencia es la reconstrucción ideal de los cambios de esta ciudad. De los testimonios gráficos y literarios no podemos obtener más que datos fragmentarios que nos impiden una visión globalizada y completa. Los pintores hicieron trabajos importantes que permiten asomarnos al pasado, pero crearon sus obras desde su particular sensibilidad, distinta a todas luces de la de nuestro tiempo y tendentes generalmente a la idealización, más que al rigor descriptivo. No obstante, de un cuadro como *La Pradera de San Isidro*, de Francisco de Goya, nos muestra una visión más o menos aceptable del aspecto que presentaba la urbe en los alrededores del 1808.

El laberinto matritense ha ido determinando a lo largo de las distintas épocas una idiosincrasia típica y perfectamente definible: ¡el desorden! Porque si en el mundo hay cientos de ciudades abi-

La Puerta de Alcalá.

garradas (por no decir todas), Madrid ocuparía sin duda uno de los primeros puestos por razones muy concretas. Primero por su origen, cuando se aprovechó el espacio disponible de un modo claramente pragmático-oportunista siguiendo la máxima: «¡Búscate la vida!» Después por su desarrollo típicamente absolutista, radial en sus líneas maestras y caótico en sus rellenos. Si vemos el plano actual vemos que la única zona trazada racionalmente es el barrio de Salamanca, el resto es tan caótico como el núcleo original.

Con pequeñas variantes, el centro histórico actual no es muy distinto del que aparece en el plano de Pedro de Teixeira del año 1656. No olvidemos que la capital de España, a pesar de todo, no ha sufrido las notables devastaciones bélicas de la Primera y la Segunda Guerras Mundiales, como por ejemplo Londres o Berlín.

El alma de Madrid

Si tenemos que hablar del alma de esta ciudad, debemos centrarnos en tiempos anteriores. Hoy día estamos en un espacio cosmopolita y variopinto que ha conservado, como ya hemos dicho, la estructura, pero no elementos muy importantes de cultura popular anteriores. Ya no existe un «madrileño» genuino, a pesar de quienes tratan de recuperar viejas imágenes. Han desaparecido el carácter, gracejo y estilo de aquellos que nos interesan más aquí, los llamados *manolos* (Lavapiés), *majos* (Maravillas) y *chisperos* (Alonso Martínez), gentes dominadas por el casticismo como forma de elitismo «popular». Utilizado como elemento diferenciador, permitió a aquellos hombres sencillos y pobres sentir orgullo de madrileños. Fueron los habitantes del «foro», o sea, el centro político, ideológico y vertebrador de España. Esto explica muchas cosas. Entre otras un cierto gracejo chulesco en el habla que luego influyó mucho en la obra de Carlos Arniches y el desarrollo de los personajes de la zarzuela decimonónica. Bien es cierto que hay que decir que este y

Escudo en la pared del Museo del Ejército.

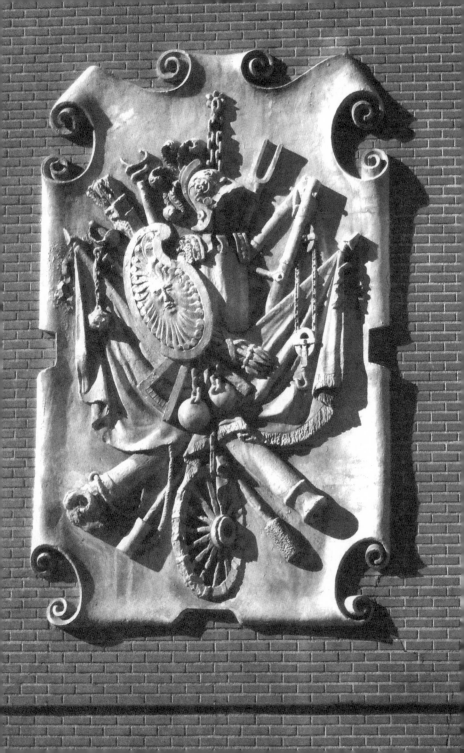

otros autores exageraron mucho la tipificación popular mediante aires bufos. Nunca hubo en Madrid un Don Hilarión como el de *La Verbena de La Paloma*, pongamos por caso. O si lo hubo no trascendió a la literatura más que como caricatura. Porque eso sí, siempre ha habido por estos pagos una cierta tendencia a la burla y el escarnio sumados a la maledicencia y el cotilleo. En cambio si hubo uno y muchos como Julián, el cajista pretendiente de Susana.

El alma de los madrileños de principios del XIX fue siempre tributario de una cierta elegancia afectada e histriónica que definió un modo de comportamiento más imaginado que documentado. No obstante podemos presumir de que quienes se levantaron contra los franceses, ya no eran los que retrataron Lope de Vega o Quevedo, pongamos por caso, sino gentes con un cierto complejo de inferioridad que explica bien la explosión patriótica de la que vamos a hablar. Los efectos empobrecedores del siglo XVIII habían hecho mucho daño al separar aristocracia y pueblo mediante zanjas enormes e insalvables. El hambre y la miseria se palían muy a menudo con un concepto equivocado de la dignidad.

A doscientos años de los hechos que vamos a conocer, la perspectiva es algo deprimente. Nadie reivindica hoy la condición de madrileño como algo que ha ido forjándose a lo largo de los siglos, como puede sucederle a un londinense o parisino, por ejemplo. Incluso a veces la respuesta a la interrogación sobre los orígenes propios es fría y carente de ardor, como si no interesara que se sepa. Pocos habitantes de este lugar conocen, por ejemplo, su himno, que no se canta casi nunca. Muchos ignoran señas de identidad, símbolos, tradiciones y fiestas en un ejercicio de indiferencia notable.

No era así en el siglo XVII, cuando el papa Urbano VIII tuvo que dictar un breve el 25 de agosto de 1643, suprimiendo diecinueve fiestas. Al parecer había casi tantas como días. San Fabián, San Sebastián, San Ildefonso, el Ángel de la Guarda, San Benito, San Marcos Evangelista, la Trinidad, San Bernabé, Santa María Magdalena, Santo Domingo, Nuestra Señora de las Nieves, la Transfiguración del Señor, San Roque, San Francisco de Asís, San Lucas, San Eugenio, la Presentación del Niño en el Templo, la Concepción de María, y Nuestra Señora de la O, se quedaron sin festejos. Pero, como recoge José del Corral en *Sucedió en Madrid*, quedaron San Isidro, Pascua de Resurrección, Pentecostés, la Asunción, Corpus Cristi, Reyes, Circuncisión, Purificación de Nuestra Señora, San Matías, San José, la Anunciación, San Felipe apóstol, la Invención de la Cruz, San Juan, San Pedro, Santiago apóstol, Santa Ana, San Lorenzo, San Bartolomé, Natividad de la Virgen, San Mateo, San Miguel, San Simón, San Judas Tadeo, Todos los Santos, San Andrés apóstol, Santo Tomé, Navidad, San Esteban, San Juan, Día de Inocentes, y San Silvestre (¡cuanta piedad!).

¿La desaparición de la identidad de los madrileños es quizá por la condición que tiene la capital de ser corte suprema de las Españas? Porque debido a ello siempre ha sido lugar de aterrizaje de gentes de todas las tierras. Don Ramón de la Cruz Cano y Olmedilla, que vivió entre los años 1731 y 1794, escribió una comedia poco conocida, *Las segadoras de Vallecas*, una historia de enredos amorosos de la que podemos deducir que al final del verano, Madrid y sus alrededores se llenaban de gentes procedentes de Galicia que venían a recoger las cosechas. Es sólo un ejemplo entre muchos otros que cualquiera puede invocar.

Sin embargo hay que decir que, cuando quienes viven aquí pasean por el centro de «los mandriles», todos se quedan extasiados ante su curiosa monumentalidad, su pintoresquismo y su tipismo exótico. Quizá por esta razón, muchos foráneos han decidido pasar en la capital de España el resto de su vida. Algo hay que atrae en esta urbe a todo el mundo.

El alma de Madrid es eso exactamente: su laberinto, sus rincones, su belleza evocadora formada por una selva de ventanas, balcones, tejados, cúpulas, iglesias recónditas y también magníficos palacetes. Sus luces y sus sombras…, y sobre todo sus parques, de una belleza extraordinaria: El Retiro, La Fuente del Berro, El Capricho, El Parque del Oeste, La Casa de Campo, El Monte del Pardo, La Cuesta de la Vega, El Campo del Moro. Uno en concreto, la Montaña del Príncipe Pío, donde estuviera el masacrado «Cuartel de la montaña», hoy día exhibe un templo egipcio, el de Debod,

19

DOLOR DE MUELAS

ODONTÁLGICO
"JUANSE"

PRECIO 0'90

MARDOMINGO
XXIV

PARA LA LIMPIEZA DE BOCA Y DIENTES ETC. USEN EL
PERBORATO DE SOSA AROMATIZADO "JUANSE"

en un alarde de pintoresquismo como en pocas partes hay. Y esa alma no defrauda nunca al caminante. Es una de las ciudades con más árboles del mundo. Sin olvidar que a muy pocos kilómetros tiene un paisaje alpino que, si bien no es demasiado elevado, sí es de una gran belleza y espectacularidad.

Madrid es un referente espacial que ha sido testigo de la historia en muchas ocasiones. Aquí colocó el rey Felipe II su corte y capital, con lo que se convirtió en el centro político del mundo en el Renacimiento. El Siglo de Oro vio también como cerca aparecía el segundo centro espiritual, el Monasterio de El Escorial, con una de las bibliotecas más importantes de cuantas existen.

Llegando a la fecha que nos interesa, el 2 de mayo de 1808, Madrid fue la ciudad que protagonizó una epopeya que fue el comienzo del declive de uno de los militares y políticos más importantes de todos los tiempos: Napoleón Bonaparte. Unos pobres desarrapados, rufianes armados apenas de corazón, vehemencia y un punto de irracionalidad patriótica, sentaron el principio del fin. Por eso las 24 horas de las que vamos a hablar amargaron al Emperador. Si no en ese momento, sí cada vez que en su prisión de Elba o Santa Elena vinieran a su mente los recuerdos de aquel infausto día. Si el corso y su representante el duque de Berg hubieran despreciado menos a los madrileños y les hubieran persuadido de los beneficios que tenía su presencia, quizá Napoleón hubiera tenido mejor destino. ¿Quién sabe?

Ha llegado ya la hora de conocer los hechos…, caminemos pues por las calles de un Madrid envuelto en humo y fuego, donde corrieron la pólvora y la sangre a raudales!

Los madrileños han sido siempre muy creativos. En unos casos vemos recuerdos de un pasado con un gusto estético peculiar. En otros, las expresiones del caos, el «graffiti» desordenado y carente de toda pulsión estética.

21

CRÓNICA DE 24 HORAS

PALACIO REAL

«Pues allá dicen que la familia real de España, viéndose cogida en la red por Bonaparte, ha determinado marcharse a América, y que no tardará en salir de Aranjuez para Cádiz. Por supuesto, los partidarios del príncipe Fernando se alegran, y creen que esto les viene de perillas para que el otro suba al trono.»

Hubo en tiempo de los árabes —nos cuenta Fernández de los Ríos— un soldado que se convirtió de repente en escalador —de murallas— ayudándose con una daga. A quienes le vieron les pareció casi un gato, y desde entonces los madrileños heredaron el apelativo para siempre.

Los «gatos» saben desde siempre que viven bajo una de las más hermosas visiones de los cielos del mundo. Recibieron el nombre de velazqueños por quien mejor los recreó en sus pinturas. Pero el animal emblema de la ciudad también estuvo siempre en el cielo nocturno, la Osa Mayor, cuyas siete estrellas son hoy el símbolo de la Comunidad Autónoma, y quizá la razón de que ésta sea la villa «del oso y del madroño».

Es posible que el punto desde donde mejor se puede practicar la observación celeste sea el elegido por los árabes para construir el primer alcázar durante el reinado del emir cordobés Muhammad I, muerto en el año 886, cosa que decidió tras acampar en el hoy llamado Campo del Moro. Por tanto, al ser el lugar más antiguo de la Villa, es el que más memoria tiene de otros tiempos, además de haberse convertido en el centro político y espiritual de un reino. Sería el ombligo del mundo u *omphalos*, desde el que emanara la legitimidad del poder. Un *axis mundi*, alrededor del que todo pivotara, podríamos decir también.

Tratemos de situarnos aquí, en las puertas del Palacio Real, en la mañana del día 2 de mayo del año 1808. Ante las verjas de la mansión regia se concentra un grupo de gente. Madrid entonces era pequeño y con límites bien definidos. El ambiente que se respira es tenso, como un resorte a punto de ser liberado bruscamente. Gestos crispados…, cuchicheos airados y entrecortados, que de vez en cuando suben de volumen. Anuncian la tempestad…, ojos chispeantes que denotan que la sangre latina hierve dentro de sus venas. Alguno incluso musita lemas que poco a poco van corriendo de parte a parte sin convertirse aún en un grito airado.

¿Qué está sucediendo?

Algo que venía gestándose desde algún tiempo atrás, cuando una corriente convulsa, agitada y liberalizadora empezó a galvanizar toda Europa, haciendo temblar los restos del Antiguo Régimen, caracterizado por el poder absoluto e ilustrado de los monarcas. Con él ejercían un control total sobre haciendas, voluntades y pensamientos. Alexis de Tocqueville elevó el concepto a la categoría de paradigma político en su ensayo *El Antiguo Régimen y la Revolución*.

La Revolución Francesa de 1789 fue el gran salto que terminó con todo resto de feudalismo medieval en aras del futuro capitalismo. De paso, el fin también de formas intermedias como el absolutismo y la ilustración, que consiguieron abrir una brecha abismal entre quienes estaban en posiciones privilegiadas y una ingente masa popular que sufrió duramente miserias y enfermedades.

Las clases dirigentes ejercían un centralismo feroz y excluyente, legislando siempre a favor de sus intereses. De repente, perdieron el poder político y económico a manos de los oprimidos. Monarcas, aristócratas y funcionarios cayeron estrepitosamente al norte de los Pirineos como naipes aventados por un huracán. Fue una revolución distinta de la de Madrid. Sin embargo, no es difícil encontrar algún paralelismo con la concentración de parisinos ante La Bastilla, símbolo indiscutible de ese modelo del mundo cuyo último representante francés fue Luis XVI.

Algo parecido estaba a punto de suceder aquí, en otra escala y con otros antecedentes y resultados. El paralelismo de la revuelta popular es evidente, sin embargo, mientras que aquellos buscaban ideales como libertad, igualdad y fraternidad, aquí se buscaba algo distinto, resumido en una frase emblemática: «*Vivan las caenas*». Lo predecía una canción que cantaban los *majos*:

> «*Viva España*
> *Viva España y muera Francia*
> *Que ha quemado la bula*
> *Y niega la fe.*
> *Viva España.*»

España era un país que había ido poco a poco perdiendo su identidad a la par que decayendo su monarquía tras la muerte de Carlos III en 1788, a quien llamaron «El mejor Alcalde de Madrid».

Dos coches

Amanece el 2 de mayo de 1808. Los días anteriores habían sido muy tensos y complicados. La noche del 30 de abril no hubo más remedio que reunir a la Junta de Gobierno en sesión permanente. A ella asistieron diversas personalidades como los decanos de los Consejos de Castilla y de Indias, el Ministro de Hacienda, representantes de las Órdenes y algunos magistrados.

Se trata de evitar que el infante, su alteza real don Francisco de Paula Antonio de Borbón y Borbón-Parma, hijo de Carlos IV y María Luisa, duque de Cádiz, sea llevado a Bayona junto con Fernando VII, que fue engañado por Napoleón con un burdo artificio. Tratan de convencer a Joachim Murat, máximo jefe militar francés y cuñado de Napoleón, de que la medida iba a producir altercados entre el pueblo de Madrid, ya escamado por muy diversas razones. Habría graves e imprevisibles consecuencias.

Murat era el gran Duque de Berg y Clèves, un hombre ambicioso que pretendía en secreto la corona de España. Su gran soberbia le decidió a seguir adelante. Además, despreció claramente a los peticionarios mandando como interlocutor al embajador de Francia, Laforest, con un «mandado»: *No voy a consentir que nadie tuerza mis planes aunque tenga que emplear al ejército a fondo e incluso terminar con el gobierno legítimo de España*. La Junta se da cuenta rápidamente de la determinación del francés y termina por aceptar que el infante parta a Bayona y se reúna con su familia, con lo cual España quedaría descabezada.

En palacio hay mucho ajetreo para organizar la marcha de la reina María Luisa de Borbón. Su esposo Carlos IV estaba ya bajo la «protección-control» de Murat. El infante, que a la sazón contaba con catorce años era un símbolo, pero también diana de habladurías maledicentes que señalaban con picardía su gran parecido físico con Manuel Godoy. Incluso no faltaba quien decía abiertamente que era su padre natural.

Un grupo de madrileños vigila atentamente la puerta de palacio. Más o menos a las siete es cuando observan la llegada de dos

Rincón en los jardines de Sabatini.

carruajes. Saben perfectamente que éstos serán los vehículos donde se consumará la infamia. Efectivamente, una hora y media después uno es ocupado por María Luisa de Parma, reina de Etruria, un estado satélite y oportunista creado por Napoleón en la Toscana y el Ducado de Parma. Su nombre evoca a los etruscos. En el otro coche sube el resto de la familia acompañados de sus servidores.

La salida de las caballerizas es el momento más enervante, pero el primer coche puede partir y alcanzar la calle del Tesoro.

En ese momento llega un agitador exaltado, el cerrajero José Blas de Molina. Era este hombre un defensor acérrimo del rey Fernando y se había caracterizado en diversas ocasiones por su capacidad para arengar a la gente, habilidad que había mostrado ya durante la revuelta ribereña de Aranjuez.

Vehemente y agresivo alcanza el segundo carruaje, aún parado junto a un zapatero y varias mujeres. Mira en el interior y, volviéndose a los presentes grita apasionadamente: ¡*Traición, se han llevado al rey y ahora a su familia*! ¡*Mueran los franceses*!

Su proclama es efectiva. De hecho parece preparada de antemano, y posiblemente fue así, como veremos. La gente se arremolina y empieza a crecer la agitación. El ruido llega al interior de palacio. Un balcón se abre y el Mayordomo de Semana, Teniente Coronel de Infantería Rodrigo López de Ayala y Varona se suma a José Blas y da gritos invitando al pueblo a armarse con lo que sea para impedir que los franceses consigan su propósito.

MEMORIA DE AGRAVIOS

«No era preciso molestar a nadie con preguntas para saber que el generoso pueblo, enojado con la noticia verdadera o falsa de que los Reyes iban a partir para Andalucía, parecía dispuesto a impedir el viaje, que se consideraba como una combinación infernal fraguada por Godoy de acuerdo con Bonaparte.»

Fuente del Niño de la Espina. Aranjuez.

Retrocedamos en el tiempo para entender como se llegó hasta aquí. Y quizá el punto de partida hay que encontrarlo durante el traspaso de poder de manos de Carlos III a Carlos IV, tras el fallecimiento del monarca de la «nariz de águila».

En la cúpula del poder se estaban produciendo algunos movimientos impopulares. Prueba de ello es el atentado que sufre el conde de Floridablanca en 1790. Un año después, empeñado en filtrar las noticias que llegaban de la Revolución en Francia, suspende la publicación de prensa diaria y manda espiar a todos los ciudadanos extranjeros.

A todo esto se une la encarcelación de Francisco Cabarrús o el descrédito de ilustrados como Campomanes o Gaspar Melchor de Jovellanos. Le sucede el conde de Aranda, a quien sustituiría Manuel Godoy, llamado el «Príncipe de la Paz», título ganado tras firmarse la de Basilea, en el año 1796. Como ya sabemos, la creencia popular es que el poderoso Godoy ha tenido un ascenso meteórico por ser amante de la reina María Luisa.

Su caída tiene lugar como consecuencia del motín de Aranjuez, el 17 de marzo de 1808. El desastre de Trafalgar había influido negativamente en los más pobres, que ya empezaban a estar hartos de ser los afectados por el desgobierno. Las esperanzas se dirigieron entonces al Príncipe de Asturias, Fernando VII.

La familia real se había retirado a Aranjuez por varias razones, pero la principal era la presencia en España de unos sesenta y cinco mil soldados llegados gracias al Tratado de Fontainebleau, con la excusa de entrar en Portugal. La razón era evidente. Según se desarrollaran los acontecimientos, desde allí podrían huir a Sevilla y cruzar el Atlántico siguiendo el ejemplo del rey vecino, Juan VI. Con esta maniobra Godoy se puso en contra de Napoleón, que a partir de entonces apareció ante los españoles como principal apoyo de Fernando VII. Esto explica el apoyo que recibieron las tropas francesas al principio.

Manuel Godoy, por Antonio Carnicero.

En Aranjuez los fernandinos, con el apoyo popular y del clero enemigo del Príncipe de la Paz por su liberalismo y conducta licenciosa, sublevaron al pueblo ribereño y asaltaron el palacio del valido. Éste tiene que esconderse dentro de una alfombra, pero le descubren y será el futuro rey quien evitará que le linchen, con lo que crece su prestigio. Poco después su padre abdica, y pasa momentáneamente el poder a Fernando VII. No olvidemos que las gentes consideraban a «El Deseado» el defensor de la fe en contra de los liberales afrancesados y ateos.

El cronista liberal conde de Toreno, reconocería años más tarde que Godoy había tenido mucha razón con la medida que había tomado y apunta que esta revuelta de Aranjuez fue la causa principal de envalentonamiento de Napoleón que trata de hacer de España un país satélite. Los hechos del mayo madrileño fueron un revés importante, sobre todo porque le obligaron a desviar gran número de tropas en un frente que creía tranquilo.

El gran corso vio en el motín una excusa para poner orden en una España que empezaba a impacientarse. En este sentido mandó sus tropas a Madrid, que se constituyeron desde el primer momento en fuerza de ocupación con escaso disimulo y, desde luego, muy malas formas. Además, intentó convencer al resto de que la iniciativa había sido tomada a petición de los propios madrileños, lo que en principio fue aceptado, pero con reservas.

La maniobra siguiente fue, aprovechando el revuelo, neutralizar a la familia real, a quien consideraba un atajo de idiotas sin capacidad para estar al frente de ninguna nación. Esto le permitiría situar como rey a su hermano José. Todo esto se hizo de un modo discretísimo. Napoleón no quería un conflicto armado, así que quiso evitar que conocieran sus verdaderas intenciones, ni siquiera sus propios generales. En este sentido se utilizaron subterfugios muy bien construidos. Murat por ejemplo, detenido en Somosierra cuando se dirigía a Cádiz para reforzar la defensa frente a los británicos, decide entrar en Madrid con un salvoconducto popular. El 18 de marzo se publica un bando que anuncia su llegada y el deseo del rey de que sean bien recibidos, como buenos aliados. Uno de los héroes del 2 de mayo, Velarde, es quien le habría de cumplimentar correctamente.

En la reunión, Murat niega que quiera ocupar la capital y acepta que su estancia sea bajo el mando de la Junta de Gobierno.

Seis días después del levantamiento de Aranjuez, llegan las tropas a los alrededores de Madrid. Después penetran en la capital donde son recibidos sin mucho entusiasmo, pero también sin recelos ni algaradas. Además, constituyó un gran espectáculo que no se había visto nunca. La Primera división del general Musnier de la Converserie y el destacamento de la Guardia Imperial, con todo su colorido y disciplina, causaron admiración. No hubo vítores, pero sí alguna expresión de asombro. La prensa se atreve a hablar de la «gran alegría» de los madrileños ante la llegada de las tropas, una gran mentira. La verdad es que algunos se sintieron inquietos ante los brillos de los coraceros y el aspecto de los mamelucos, armados hasta los dientes y famosos por su crueldad.

El duque de Berg y Clèves había ascendido prácticamente desde la nada, como consecuencia de la Revolución. Así empezó una carrera meteórica que le llevaría a ser rey de Nápoles. Los cronistas le definen como valiente y arrojado que venía avalado por un gran prestigio ganado en la carga que protagonizó durante la batalla de Eylau. Tenía facilidad para enfadarse explosivamente cuando se excitaba su soberbia, momentos en los que se mostraba despiadado. Su cabello era muy rizado y abundante y no tenía mal porte. Vestía de un modo excesivo, incluso hortera. Al parecer, tras su caída y condena a ser fusilado, fue el mismo quien mandó disparar al pelotón de ejecución.

El 24 de marzo llega Fernando VII, procedente de Aranjuez. La Guardia de Corps escolta al nuevo rey, que es recibido con gran entusiasmo por una masa abigarrada y esperanzada que grita vivas y vítores sin cuento. Se lanzan flores. Se agitan pañuelos. Se llora. Se siente en él a España de un modo especial, como mandan los cánones nacionalistas del siglo recién estrenado. Pero también comienzan los agravios cuando la gente ve que los franceses desprecian y se burlan del monarca (del que luego se burlarían ellos

también con todo tipo de epítetos). Así surgen las primeras peleas. Murat no le irá a recibir; otro desplante más.

Los generales franceses Musnier, Gobert, Morlot, Grouchy, Dupont, Harispe, dirigidos por el mariscal Moncey, se convierten en objeto del recelo popular. Entre otras cosas, las tropas tienen que alojarse provocando muchas molestias. La caballería y la Guardia Imperial se acuartelan en El Retiro, pero el comportamiento indecente y pendenciero de los oficiales obliga a un traslado a El Pardo. Llegados allí, talan los bosques reales para hacer los barracones.

En la capital las cosas no pintarían mejor, porque se produce la ocupación de algunos cuarteles españoles, como el del Conde Duque, casas particulares, conventos e iglesias. En estos últimos se producen abundantes rapiñas, tanto de tesoros como de objetos de culto. Se destruyen libros y se deteriora el mobiliario con las culatas y bayonetas de los fusiles.

También se acantonan tropas en los pueblos cercanos, dando la sensación de un verdadero estado de sitio. Ocuparon la Fuente de la Reina, en la Carretera de Castilla; Chamartín; las huertas de Leganitos, entonces fuera de la ciudad; Carabanchel; Fuencarral, Canillejas, Villaverde; Getafe, Leganés y Aranjuez, amén de otros más pequeños. Los cerca de doscientos mil madrileños están cercados y sin salida ante su lógico estupor.

En cuanto a edificios emblemáticos podemos citar el mencionado palacio de Grimaldi, donde se afincó Murat en las mismas estancias que había vivido Godoy, el convento de San Bernardino, el cuartel de la calle Alcalá y el de la Puerta de Santa Bárbara.

Entretanto, las tropas españolas fueron relegadas y controladas dentro de sus alojamientos habituales, de los que no podían moverse sin permiso, en principio de la Junta de Gobierno, pero en realidad del duque de Berg.

Joachim Murat, Gran duque de Berg,
por Jean Baptiste Wicar.

Mi amigo Napoleón

Fernando VII, a quien el populacho pasó de desear a llamar «El Narizotas», un canalla necio y sin escrúpulos, seguía considerándose aliado del emperador, a pesar de que éste sólo reconocía como rey a su padre. Hacía gala continuamente de su buena sintonía con él. Incluso le había devuelto la espada de Francisco I el 31 de marzo a través de su cuñado, que además fue obsequiado con seis caballos.

Había rumores de que Napoleón vendría a Madrid, incluso la Gaceta lo anunció para el 2 de abril. La sensación es que así sería, visto que se engalanaban y limpiaban los edificios a la vez que se confeccionaba un programa de festejos. Sería una buena ocasión para que le reconociese como sucesor. Pura estratagema para hacerle prisionero.

Mientras tanto, los majos, manolos, chisperos, pícaros y rufianes (según los invasores) asisten cada vez más alterados a las impresionantes paradas militares de los franceses, en las que mostraban lo peor de si mismos, sobre todo su insufrible arrogan-

El infante don Francisco de Paula, pintado por Goya en 1800.

cia, que se sumaba a robos, agresiones y violaciones. El mosqueo era generalizado, y los incidentes frecuentes, que se saldaban con heridos por ambas partes, como reflejan los documentos del Hospital General, que tuvo un aumento evidente de trabajo. Incluso hubo tres soldados franceses muertos en la plaza de la Cebada. Todo esto lleva al decreto del 2 de abril, en el que se establecen diversas restricciones. Quedan prohibidos los corrillos, y las tabernas y tiendas donde se venda alcohol cerrarán a las ocho. El malestar crece y empiezan a aparecer pasquines anónimos en contra de los invasores y de quienes colaboren con ellos.

El 7 de abril llega a la capital el general Safari, ministro de Policía. Anuncia que Napoléon viene hacia Madrid y expresa su deseo de que Fernando le reciba en Burgos. El rey no lo duda y parte hacia allí, tras anunciarlo en la Gaceta. El viaje empieza el día 10, acompañado de varias personalidades entre las que se encuentra su consejero, el canónigo Escoiquiz. Los franceses le escoltan durante todo el camino, porque ya es prisionero del corso. De hecho, una vez en Burgos el viaje continúa hasta Bayona.

En la capital ha quedado al mando la Junta Suprema de Gobierno, presidida por el infante Antonio, auxiliado por Cevallos, Gil de Lemos, Azanza, Piñuela y O'Farrill, ministro de la Guerra. Las órdenes son tajantes, hay que colaborar con los franceses en todo…, son los aliados y Napoleón…, el amigo. Lo que más importa es el orden público, garantizado por la censura impuesta sobre todo escrito público a partir del 20 de abril. Se obliga a las tropas españolas a hacer las guardias sin munición alguna. Murat exige a la Junta la entrega de Godoy, que se niega en redondo para terminar cediendo a la presión del francés, que sólo reconocerá como rey a Carlos IV. Éste y Godoy viajarán a Bayona el 21 y 22 de abril.

Sólo quedan María Luisa de Parma y el resto de la familia. La reina anuncia el día 28 que también irá a reunirse con su familia para dilucidar la cuestión dinástica, acompañada del infante don Francisco de Paula.

La cesta de los agravios, cual caja de Pandora, estaba llena…, y a punto de rebosar.

EL «RAPTO» DEL INFANTE

«Hijo mío, me parece que veo la corona de España paseada por los patanes y los majos en la punta de sus innobles garrotes.»

A LOS HÉROES POPULARES QUE

EL 2 DE MAYO DE 1808

INICIARON EN ESTE MISMO LUGAR
LA PROTESTA Y SACRIFICIO CONTRA
LAS TROPAS EXTRANJERAS
EL CÍRCULO DE BELLAS ARTES 1908
REPUESTA POR EL AYUNTAMIENTO DE MADRID 1947

Parte de las seis docenas de exaltados entra en palacio con la intención de llevarse a Francisco de Paula y ocultarlo en algún lugar secreto. Son aproximadamente las ocho de la mañana. Pedro de Torres, jefe de los Guardias de Corps les sale al paso y es empujado violentamente contra la pared. Es el propio infante quien tiene que rogarles que se calmen y se vayan. Se asomará al balcón y dirigirá unas palabras a la gente conteniendo sus ganas de llorar.

El duque de Berg estaba a la sazón alojado en el cercano palacio de Grimaldi, por lo que escucha el griterío que va creciendo en volumen. No le sorprende lo más mínimo. De hecho, Blanco White, en su carta duodécima, escrita el 25 de julio en Sevilla, afirma que todo había sido urdido por él para hacer una demostración inequívoca de fuerza.

El mariscal empieza a realizar movimientos tácticos, como enviar al coronel Lagrange como espía. Mientras tanto manda pertrechar un batallón de granaderos dispuestos a poner orden.

Cuando el militar aparece, la reacción es ir a por él con muy malas intenciones. Coupigny, capitán del regimiento de Guardias valonas, tiene que acudir en su auxilio, y puede rescatarlo gracias a una partida de soldados.

Gonzalo O'Farrill y Herrera, general de origen cubano y miembro de la Junta, se enfrenta a José Blas Molina y le acusa de agitador que va a conseguir que estalle el motín. Y así es, puesto que ya hay varios centenares de madrileños reunidos que se dedican a perpetrar los primeros sabotajes, como cortar las riendas y aperos de los carruajes y dispersar a los caballos.

Un soldado aislado que se dirigía al lugar está a punto de ser linchado y es salvado también por Coupigny. La misma suerte corren otros militares franceses. Uno de ellos cae apuñalado en la puerta de la iglesia de San Juan. Ya no hay marcha atrás.

Los granaderos que han sido movilizados sitúan dos pequeños cañones, que apuntan contra la gente y empiezan a dispararlos a la vez que descargan sus fusiles. Como resultado, el suelo se cubre con los primeros muertos y heridos, que vienen a sumarse al soldado «gabacho». Algunos huyen, pero otros buscan con que armarse. Pronto darían las nueve en los relojes de la ciudad. El pueblo se ha levantado y comienza uno de los días más duros que Madrid ha conocido a lo largo de toda su historia.

Algunos tipos aguerridos, armados con piedras y palos, pretenden entrar en el palacio de Grimaldi para terminar con Murat, pero no son enemigos para los franceses, mucho mejor pertrechados y adiestrados, que reciben además refuerzos de tropas que estaban esperando en San Nicolás.

Molina sigue siendo el cabecilla y el motor de la agitación. Sobre todo cuando sugiere que hay que ir a por armas al Parque de Monteleón. Para ello organiza la primera partida, que habrá de

**El Palacio Grimaldi, junto al Palacio Real.
Había sido sede de Godoy, y ahora de Murat.**

hacer un recorrido discreto por el laberinto madrileño. Convendrán en ir en silencio y despacio para no alertar.

La «guerrilla» alcanza el convento de las Clarisas, avanza por la calle del Espejo, luego llega hasta Herradores e Hileras. Ascenderán hasta atravesar el Postigo de San Martín. Luego marcharán por Hita, Tudescos y la corredera de San Pablo. El pasar por San Ildefonso aceleran el paso hasta llegar a la calle de la Palma. Por fin llegan ante el convento de las Maravillas.

Mientras tanto, las noticias van corriendo como la pólvora, animando a muchos voluntarios al levantamiento. Cualquier cosa vale como arma. Se organizan brigadas de exaltados al mando de algunos líderes, como el arquitecto Alfonso Sánchez, de la Real Academia de San Fernando, partida en la que hay varios profesores.

Pero la confusión y el desorden son generales. Hay quienes buscan las calles como campo de batalla, otros prefieren buscar armas en los cuarteles para unirse a las tropas españolas. La Guardia Española entrega algunos fusiles. Los franceses ya han conseguido neutralizar algunos grupos que marchan hacia Monteleón. En la periferia empiezan a levantarse trincheras y barricadas ante las tropas acantonadas en los pueblos de alrededor.

Se espera una orden para oficializar el combate por parte de las autoridades legítimas, pero el Capitán General de Madrid, Francisco Javier Negrete, manda que los soldados estén alerta en espera de directrices, pero acuartelados. Esto hace que el levantamiento sea protagonizado principalmente por el pueblo, que será masacrado, tal y como saben las autoridades y los más pudientes, que se esconden en espera de cómo se desarrollen los acontecimientos.

La única facción del ejército que participará en los hechos serán los artilleros de Monteleón, a los que se sumarán soldados aislados que escapan de sus cuarteles vestidos de calle.

Ya no se puede evitar lo que hubiera convenido que no sucediera. Los más sensatos saben que Murat será firme, implacable y especialmente cruel, tal y como ya había demostrado sobradamente. Además, posiblemente todos habían caído en la trampa puesta por el soberbio duque de Clèves.

Aspecto actual de la calle del Espejo.

COMIENZA LA GUERRA DE LA INDEPENDENCIA

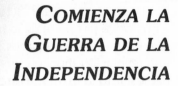

«En efecto; se oían las exclamaciones del gentío apelmazado en la calle de Alcalá, y muchos gritaban: ¡Ya viene por la Cibeles! ¡Ya viene por el Carmen Descalzo! ¡Ya viene por las Baronesas! ¡Ya viene por los Cartujos!»

La Virgen del Carmen. Calle del Carmen.

EL LEVANTAMIENTO DEL 2 DE MAYO no fue sino una explosión frenética e irreflexiva por parte de lo más humilde de la sociedad madrileña, a quienes se sumaron unos cuantos notables. Pero en realidad fue una revolución mucho menos espontánea de lo que se piensa. Ya hemos visto la memoria de agravios. En un caldo de cultivo como ese, es lógico pensar que ya existiera una cierta agitación interior protagonizada por algunos notables.

El clima social en el que esto sucede es bien conocido. Dos facciones enfrentadas. De una parte los modernos franceses, con su carga revolucionaria de laicismo y progresía sazonada con excesos arrogantes, mostrando un gran desprecio hacia los españoles y sus instituciones. De la otra un pueblo demasiado inmerso aún en ideas antiguas y conceptos retrógrados en gran medida procedentes de las costumbres y creencias religiosas.

Por lo tanto, hay que suponer para empezar que el clero no era precisamente afrancesado, y que trató en todo momento de introducir argumentos en contra de los invasores, que habían masacrado anteriormente a muchos de sus compañeros en el país vecino. Ciertamente la Revolución había convertido a clérigos en funcionarios, siguiendo un principio que llevaría a la separación absoluta Iglesia-Estado. Aquí había mucho miedo a que sucediera lo mismo.

El duque de Montijo había participado en el motín de Aranjuez y también había comisionado a dos personas para convencer «monetariamente» a un trapero y un zapatero para que reclutaran una partida de tres o cuatro centenares de hombres dispuestos a armar bulla. En medios de la inteligencia francesa se ordenaba vigilar al duque del Infantado como sospechoso de ser un importante solivantador de masas. Esto también reza para Escoiquiz. Incluso existe constancia de la interceptación de correspondencia que incitaba a

Jose María Blanco y Crespo, que firmaba como Blanco White. Testigo de excepción de los hechos del 2 de mayo, desde el periódico *El Español*. Militó en el fernandismo, pero a la vuelta de El Deseado, fue perseguido por sus ideas liberales.

J. Blanco White

la rebelión. Por otra parte también se incluye un supuesto encargo francés de carteles con textos como «¡*Viva Carlos IV*! ¡*Viva Godoy*! ¡*Muera Murat*!», lo que demuestra que había agitadores en ambos bandos a quienes interesaba el enfrentamiento por diversas causas. Los de un lado para molestar a los invasores, y los otros para justificar tropelías, brutalidades y desmanes en nombre del orden público. Ni era la primera, ni la última vez que se emprenderían maniobras semejantes. Quizá algo así pasó un siglo y pico después cuando se produjo el famoso incendio del Reichstag, el parlamento alemán. Oficialmente había sido un comunista llamado Marinus van der Lubbe, pero hay que fijarse también en a quien benefició en última instancia: los nazis, que a partir de entonces se hicieron con el poder y lo ejercieron brutalmente.

Piezas de artillería en la puerta del Museo del Ejército.

También sabemos de las adhesiones obtenidas hasta entonces por Daoíz y Velarde entre los militares españoles dispuestos a sublevarse. A saber: don Joaquín de Osma, don Juan de Azeo y Fernández de Mesa, don Juan Nepomuceno, don César González, don Francisco Novella, don Francisco Dátoli, don José de Córdoba, don Francisco J. de Carasa, don José Dalp, don Rafael Valbuena y don Felipe Carpegna.

· Así que esa idea romántica de que la Guerra empezó a las ocho de la mañana del día 2 de mayo casi como un hongo brota tras la lluvia, es únicamente lo que hoy día llamaríamos una «leyenda urbana». Sobre todo porque quien conozca la idiosincrasia de los españoles saben que no hace falta mucho para que aquí se líe un follón. Basta con una «palabra de más» para que corra la sangre y la pólvora a raudales.

¡A LAS ARMAS!

«¿Y esas montañitas tan bonitas, formadas por cosas negras y redondas, iguales todas y puestas con mucho orden? —preguntó la muchacha, sin dar tregua a su admiración.

—Esas son balas, chicuela —repuso el clérigo—. Los hombres han inventado esos juguetes para matarse unos a otros.»

Ilustración del siglo XIX.

LA VOZ CORRIÓ COMO UN VENDAVAL por un Madrid dividido en dos facciones. De un lado quienes estaban dispuestos a dar la batalla, y del otro quienes se quedaron quietecitos sin saber que era peor, si los invasores o la revuelta. Un dilema frecuente. Porque el llamamiento a las armas tenía tintes de algarada popular, desordenada, deshilachada y destinada al más rotundo fracaso. Las tropas francesas no eran damas de la caridad, sino todo lo contrario, miembros de un ejército bien preparado y mejor pertrechado que estaba obteniendo éxitos en toda Europa.

Y ¿cómo se arma a quienes se suman a un levantamiento de estas características? Pues con lo que se tiene a mano. En ese momento piedras, palos, aperos de labranza, instrumentos de trabajo, cualquier cosa capaz de romper un cráneo o reventar un estómago. Desde luego, en principio así fue. Pero eran conscientes de que el método no era excesivamente eficaz, así que necesitaban armas, y el problema era donde encontrarlas.

Por lo tanto, el primer movimiento táctico, como ya sabemos, fue organizar una partida que pudiese llegar sin mucha ostentación hasta el Parque de Artillería de Monteleón, y conseguirlas allí, puesto que los franceses habían almacenado en él las requisadas días atrás. Dicho y hecho.

Podemos imaginarlo, con la ciudad como escenario imprescindible. Incluso podemos recorrer el mismo camino que hicieron ellos por los mismos sitios a doscientos años vista. Recreémoslo.

Salieron de la Plaza de Oriente, lugar símbolo y llegaron hasta la plaza que hoy llamamos de Isabel II o de la Ópera. Tomaron la calle de la derecha, la de la Escalinata, para despistar. Llegaron hasta la plaza Mayor, disimularon un rato, y retomaron la ruta bajando por Hileras. ¿O fue por Bordadores? ¿O por la serpenteante San Ginés? ¿O por las tres? No importa.

Cruzaron Arenal y ascendieron hasta el convento de las Descalzas. Pasaron el Postigo de San Martín y llegaron a lo que hoy es la Gran Vía.

**El pasadizo de San Ginés, uno de los rincones
más típicos del Madrid antiguo.**

La Plaza Mayor

Quizá en Tudescos se encontraron con una patrulla y tuvieron que atemperar su paso y silbar mirando al cielo. Corredera Baja de San Pablo. Bajar. Subir hasta San Nicolás y descender de nuevo hasta el Parque de Artillería. ¡Allí estaban las armas necesarias! Ahora quedaba convencer a los custodios para que las entregasen al pueblo. Y algo consiguieron.

LOS HÉROES DEL PARQUE Y LA MIRADA DE GOYA

«Cuando la turba no puede saciar su hambre de destrucción en el objeto humano de su rencor, suele darse el gustazo de tomar venganza en los cuerpos inocentes de los muebles que a aquel pertenecieron.»

La puerta del Parque, hoy monumento a las víctimas.

FUE GODOY QUIEN INSTALÓ AQUÍ el complejo militar en 1807, sólo un año antes. Y eso a pesar de que no resultaba un buen emplazamiento, rodeado de casas por todas partes y sin unos muros acondicionados para realizar una defensa eficaz ante un asalto de una fuerza organizada.

A la sazón era compartido por soldados españoles y una compañía de los franceses que se había instalado provisionalmente. Los oficiales españoles eran el capitán de Artillería Luis Daoíz, a quien acompañaba Pedro Velarde. Ambos estaban convencidos de que había que expulsar a los invasores de Madrid. En este sentido, el segundo marchó a primera hora hasta la calle de San Bernardo, al cuartel de Voluntarios del Estado para pedir refuerzos. Su jefe, el coronel Esteban Giráldez, marqués de Palacio, se negó a ayudar al motín. Pero Velarde era tozudo y al final consiguió una compañía de treinta y tres hombres con fusiles, dirigida por el capitán Rafael Goicoechea y los tenientes José Ontoria y Jacinto Ruiz de Mendoza. También estaban en ella el subteniente Tomás Bruguera y los cadetes Andrés Pacheco y Juan Rojo. El teniente de artillería Rafael de Arango intentó la rendición de los setenta y un franceses de Monteleón, argumentando que tras él vendría el pueblo y la situación podía resultar muy complicada.

El francés, que escuchaba todo el ruido que venía de las calles, además de las noticias confusas que corrían, optó por acceder, desarmar a su tropa y llevarlos a un lugar más seguro, en las caballerizas, donde quedaron como prisioneros.

Efectivamente, la gente llegó a las puertas reclamando armas, y las puertas fueron abiertas. Por supuesto entraron en tromba, presos de un furor patriótico extraordinario que les llevó a aprovisionarse con las requisadas a los franceses. Espadas, bayonetas y otras armas blancas fueron las preferidas. Los madrileños no eran excesivamente diestros con los fusiles, pero con las elegidas resultaban muy peligrosos y eficaces.

Por una de las calles apareció una brigada de franceses que pretendían acceder al interior. Fueron rechazados por tiradores desde las ventanas, mandados por Goicoechea. Pero sólo era el

La parroquia de los santos Justo y Pastor es el templo del anterior monasterio de San Antón, que fuera de carmelitas recoletas. Lo llamaban de Las Maravillas (nombre que lleva el barrio), por unas flores que llevaba la imagen de la Virgen.

principio. El batallón de Westfalia ya estaba en Fuencarral, además de otras tropas que iban de camino al ritmo del tambor.

La noticia llegó al cuartel y, en un arranque de lealtad propio de aquel aturdimiento general, juraron que obedecerían hasta la muerte a sus capitanes Daoíz y Velarde. Se trataba de liberar la patria de unos extranjeros especialmente odiados. No es de extrañar pues que recibieran a los franceses con un ímpetu extraordinario y les causarán multitud de bajas. Pero los enemigos eran muchos más, y atacaban desde tres puntos.

Entretanto, en el palacio Grimaldi, Murat era informado de la dura defensa de los de Monteleón. Dispuesto a terminar con el problema, mandó a la brigada Lefranc dirigida por el general Lagrange y a la división Goblet con distintos apoyos. Su orden fue tajante: ¡No volváis sin exterminarlos! ¡No quiero oír ninguna otra noticia!

Vistos desde hoy, los hechos pueden parecer brutales. Pero lo cierto es que hubo mucha violencia por ambas partes. Tanto que han llegado a nosotros imágenes épicas, ornadas de heroísmo por el tiempo, que debieron impactar poderosamente a quienes las contemplaron y luego describieron con orgullo. Sabemos que Velarde murió de un tiro y cuando apareció su cuerpo, no tenía ropa. Daoíz fue herido en una pierna y tuvo que apoyarse en el cañón que tenía al lado, aún echando chispas por el último disparo. Dicen que el indigno Lagrange quiso vejar al héroe tocando su sombrero con la punta de la espada. Instantáneamente, el sevillano se revolvió con las últimas fuerzas que le quedaban y blandió la suya, provocando un grito histérico de alarma en el francés. A él acudieron multitud de soldados que atravesaron al capitán de Monteleón con sus bayonetas, convirtiéndole en un acerico humano.

El teniente Ruiz, Jacinto Ruiz de Mendoza, estaba enfermo aquella mañana. Eso no le impidió sumarse a la lucha. Fue herido en un brazo. Se vendó y siguió peleando hasta que, ya muertos los capitanes, asumió el mando en los últimos momentos antes de la caída del cuartel. Lo derribó una bala que se alojó en su pecho.

Quienes sobrevivieron se ocultaron como pudieron hasta la noche, incluyendo al propio teniente que pudo ser escondido hasta que lo llevaron a Extremadura a finales de mes. No le sirvió de nada porque terminó muriendo en los primeros días de 1809.

No pudo el marqués de San Simón, capitán general de los españoles, salvar la vida de estos héroes, a pesar de que lo intentó cuando acudió en ayuda de un criado. Días después tuvo que sublevarse para defender la Puerta de Bilbao. Cayó prisionero, y fue el propio Napoleón quien le libró de ser fusilado a petición de su hija, que se presentó en Chamartín para evitar su muerte. No se atrevió el francés con un héroe tan insigne.

De los mártires populares, han quedado algunas anécdotas, de las que la más destacable es la historia de Manuela Malasaña y Oñoro, que a la sazón contaba con diecisiete años. Venía de su taller de bordado al 18 de la calle de san Andrés, su casa, cuando la registraron los soldados del Emperador y le encontraron las tijeras que usaba para trabajar. No dudaron en fusilar a tan peligrosa muchacha. No es cierto pues que estuviera en Monteleón suministrando cartuchos a su padre, porque era huérfana. Hoy día aquel barrio la recuerda habiendo adoptado como nombre su primer apellido. Malasaña desde entonces es equivalente a Maravillas.

Sabemos de una tal Clara Rey, esposa de Manuel González Blanco, que fue muerta junto con sus tres hijos; de una tal Benita Pastrana, artillera por necesidad, que murió junto al cañón que nunca antes había disparado; y la amante de Velarde, doña María Beano, a quien mató una bala perdida mientras iba a ver qué pasaba en Monteleón, dejando huérfanos a sus pequeños en la calle de El Escorial.

Así recreó Joaquín Sorolla en 1884 los hechos ocurridos en el Parque de Artillería de Monteleón.

¿Qué pasaba mientras tanto en otros lugares de Madrid?

Goya nos ha dejado un testimonio gráfico de primer orden con su cuadro *La carga de los mamelucos*, que se produjo en uno de los lugares simbólicamente más importantes, no sólo de Madrid, sino de toda la península Ibérica, la Puerta del Sol.

Lo primero que llama la atención en la pintura son dos puñales. Uno en manos de un mameluco, señalando el centro geométrico de la composición, y el otro en manos de un majo que acaba de herir a uno de sus compañeros. Se ven otras armas, como sables y palos…, pero lo más llamativo es que hay allí multitud de mundos simultáneos.

De una parte el de los caballos, protagonistas y víctimas inocentes de aquellos hechos tan violentos. Dicen que las mujeres pasaban por debajo y rasgaban sus panzas sin más armas que las tijeras de costura. De otra, el odio en las caras de los madrileños que contrasta con el estupor de mamelucos y franceses, asombrados de una reacción tan visceral e intempestiva. No se lo esperaban.

Pero también la ciudad es protagonista. En el cuartel superior izquierdo no hay más que edificios difuminados de un Madrid mágico que se pierde en el esfumato preimpresionista goyesco. Se recortan contra un cielo plomizo y triste.

Si se contempla el cuadro en su totalidad, nos habla mucho mejor que cualquier descripción de cómo pudo ser aquel terrible día del que Goya nos enseña algunos muertos: un francés, un mameluco, un madrileño pisoteado. Como muestra basta.

No olvidemos que la pintura se hizo en 1814, con lo que el sordo de Fuendetodos bien pudo idealizar muchas cosas. Pero ¿para qué está la pintura si le quitamos sus funciones simbólicas y abstractas? En realidad es un cuadro que representa emociones y sentimientos más que otra cosa. Él no participó en los hechos, pero sí un discípulo suyo, León Ortega, herido el día de autos.

Detalle de la famosa carga de los mamelucos en la Puerta del Sol, de Francisco de Goya.

LOS HÉROES DE MONTELEÓN

Luis Daoíz Torres nació en Sevilla el 10 de febrero de 1767, y murió en nuestro día en el Parque de Monteleón. En su honor uno de los dos leones que dan acceso al Congreso de los Diputados, lleva su nombre. El otro el de Pedro Velarde.

De origen aristocrático, su madre fue doña Francisca Torres Ponce de León, hija de los condes de Miraflores. Su padre fue Martín Daoíz (por la navarra Aoiz). A los quince años estudió en la Academia de Artillería de Segovia, de donde se licenció como alférez. Destinado como jefe en Monteleón, fue quien suministró las armas del levantamiento.

Pedro Velarde y Santiyán, capitán Secretario de la Junta Superior Facultativa del Cuerpo de Artillería, nació en Muriedas (Cantabria), en la casona-palacio de la familia, actual Museo Etnográfico de la región.

También estudió en Segovia, pero a los catorce años. Después formó parte de su cuerpo de profesores como experto en balística. Admiraba mucho a Napoleón, lo que movió a Murat a intentar ganarle para su causa, cosa a la que se negó.

Fue uno de los que participaron con más entusiasmo en las gestas del 2 de mayo. Lo mató un oficial polaco de la Guardia Noble mediante un disparo.

Los restos de ambos héroes fueron llevados al fin de la guerra a San Isidro el Real. Luego fueron trasladados a la Plaza de la Lealtad.

*Estuvieron acompañados por los compañeros del arma de Artille-
ría capitanes Juan Nepomuceno Cónsul, José Dalp y José Córdoba de Figueroa; tenientes Gabriel de Torres y Felipe Carpegna;
escribientes Manuel Almira y Domingo Rojo Martínez, más dieci-
séis artilleros. Además, José Pacheco, de la Real Guardia de Corps;
Andrés Rovira de las Milicias Provinciales de Santiago de Cuba; los
alféreces de fragata Juan Van Halen y José Hezeta y el coronel
Francisco Javier Valcárcel. Los Voluntarios del Estado fueron: el
capitán Rafael de Goicoechea; los tenientes Jacinto Ruiz Mendoza
y José Ontoria; el subteniente Tomás Bruguera; los cadetes Andrés Pacheco, Juan Rojo y Juan Manuel Vázquez Afan de Ribera;
el asistente Francisco Alvero; más 33 fusileros granaderos.*

LA SANGRE
DE LOS MIL

«La hoguera, alimentada con tanto combustible, subía a enorme altura, y las llamas oscilantes iluminaban de un modo pavoroso la calle toda, y también el interior del palacio.»

El Incendio.
Francisco de Goya.

El PUESTO DE MANDO en el palacio de Grimaldi es un caos. Mensajes que vienen, órdenes que parten en distintas direcciones. Murat piensa a toda velocidad. Porque aunque sabía lo que iba a pasar, e incluso era el diseñador, la realidad le ha sobrepasado. Sus despreciados «gatos» tenían las garras mucho mejor afiladas de lo que había previsto. Había que reaccionar rápido. Además, tenía bien presente las órdenes de su cuñado, recibidas en una carta fechada el 10 de abril: «neutralizar toda oposición». Por otra parte ese era también su propio objetivo, así que no cabían dudas ni vacilaciones ante los hechos. La posibilidad de ser regente de un vasto territorio como España y Portugal resultaba muy apetecible.

Como buen militar, manda que las tropas avancen hacia los lugares de la rebelión. Primero será la artillería la que se encargará de los primeros «trabajos». Luego será la caballería quien recorrerá las calles acabando con toda resistencia. Ya ha mandado tropas a Monteleón. Poco después traslada su cuartel general al Campo de Guardias, un poco más allá, junto al barranco de Leganitos. Para estar más seguro manda llamar a la Primera División, que custodiará todo el puesto de mando.

El general Rosetti recibe órdenes para desplazarse hasta El Retiro para transmitir órdenes a las tropas acuarteladas allí. Le acompaña el coronel Daumesnil, jefe de la Guardia Imperial, que había sido soldado no hacía mucho, cuarenta mamelucos y dos escuadrones de cazadores. Les cuesta cruzar la Puerta del Sol cargando con dureza contra la multitud que allí pelea. Al llegar a la Carrera de San Jerónimo, los francotiradores madrileños hacen su trabajo, sobre todo desde la casa de don Eugenio Aparicio y desde el palacio del duque de Híjar. Tienen que pasar deprisa bajo el fuego, pero su propósito será volver más tarde para dejar testimonio del rencor que van acumulando.

Al mediodía, los amotinados controlan algunos lugares, aunque, como es lógico, son victorias efímeras, porque el enemigo es muy superior en todo. El ruido empieza a crecer: tambores, cañones, disparos..., y el canto de los madrileños.

Virgen de Atocha, dame un trabuco,
pa matar franceses y mamelucos.

**La Virgen de
Atocha.**

Las cureñas se afianzan sobre los adoquines y vuelan balas y granadas entre el fragor de los cascos de los caballos y el siniestro chirriar de las fanfarrias.

Son los marineros los encargados de acudir al palacio de Grimaldi. A su lado, Friederichs comanda dos batallones de fusileros que llegan al Palacio Real. Grouchy sube desde el Prado por Alcalá. Se instalan baterías en Atocha y Antón Martín.

Poco a poco van cayendo la Plaza Mayor, la de Santa Cruz…, Arenal. La resistencia va cediendo.

No hay piedad para nadie. Las tropas entran en las casas desde donde salen disparos, y al rato se hace el silencio porque ya no queda en ellas nadie vivo. Se marcan algunas puertas para volver más tarde a rematar a los escondidos. De la sangre que corre por las calles no se puede distinguir cuál pertenece a combatientes rebeldes, cuál a inocentes asesinados sin piedad ni consideración alguna y cuál a soldados de las tropas napoleónicas. Ambas, pongamos las de «Los Mil», corrieron cuesta abajo hasta la actual Plaza de la Lealtad, regando El Prado.

Así sucede siempre que entran en conflicto dos intereses contrapuestos. Aunque en este caso ni siquiera podríamos hablar de dos bandos. Porque los verdaderos oponentes al francés estaban por llegar a partir de entonces. Todo empezó ahí, pero no olvidemos que fue una guerra que duró seis años y que ha dejado huellas en toda España que aún pueden contemplarse.

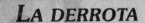

LA DERROTA

«En seguida se habló de capitulación y cesaron los fuegos. El jefe de las fuerzas francesas acercóse a nosotros, y en vez de tratar decorosamente de las condiciones de la rendición, habló a Daoíz de la manera más destemplada y en términos amenazadores y groseros. Nuestro inmortal artillero pronunció entonces aquellas célebres palabras: "Si fuérais capaz de hablar con vuestro sable, no me trataríais así".»

Cuando el sol estaba en lo más alto, los sublevados empezaron a saborear las primeras angosturas de la derrota.

Al principio es de modo aislado, a manos de vigilantes apostados en las esquinas atentos a cualquiera que se asome. Matarán sin pena a mujeres, ancianos y niños que pasaban por allí.

Pero sus oponentes tampoco son mancos y cuando encuentran franceses aislados, no dudan en terminar con ellos, sobre todo porque muchos habían quedado en casas particulares y no habían podido unirse a sus destacamentos. También se perdona a algunos, como al general Rivoissière. A los que no, es a los odiados mamelucos, quizá reminiscencia de la Reconquista, que por otra parte son crueles como pocos.

¡*Ciudad heroica que ve morir a sus hijos y a sus atacantes por doquier!* No sabemos quien lo dijo, pero era una idea compartida por muchos. Algún vate popular inspirado en tanto horror.

Y las curiosidades inevitables. Los presos también se sublevaron, aunque parezca mentira. De los noventa que estaban encerrados, cincuenta y seis pidieron permiso para unirse al motín con la promesa de que volverían cuando terminara.

Se lo concedieron, con lo que rápidamente ascendieron hasta la Plaza Mayor, donde realizarán la gesta de conseguir la rendición de los artilleros franceses. Con sus propios pertrechos atosigan al resto de las tropas enemigas. Luego marcharían a seguir luchando por las calles aledañas.

Al día siguiente cumplieron su promesa y volvieron a la prisión. Faltaron sólo tres, un herido que fue registrado en el Hospital, un muerto y otro del que no se tiene noticia. Tanto podría haberse escapado como ser una de las víctimas no identificadas.

También se unieron al motín distintos obreros, como los que reparaban los tejados de la iglesia de Santiago, que atacaron a los polacos con las herramientas y los materiales que estaban usando. Y es que el mobiliario se constituyó en munición. La ciudad de nuevo como protagonista indiscutible de tantas peripecias.

Cuando se les terminó la improvisada intendencia fueron apresados. Como también sucedió con distintos paisanos que intentaron

LAS CENIZAS
DE LAS VÍCTIMAS DEL 2 DE MAYO DE 1808
DESCANSAN EN ESTE CAMPO DE LEALTAD
REGADO CON SU SANGRE
¡HONOR ETERNO AL PATRIOTISMO!

Monumento a los mártires
del 2 de mayo en la Plaza
de la Lealtad.

Los leones de las Cortes españolas recibieron los nombres de Daoíz y Velarde, en honor a los dos oficiales muertos el 2 de mayo de 1808 en Monteleón.

unirse a la revuelta. Varios de ellos son asesinados en el interior de la iglesia del Buen Suceso, donde se habían refugiado, así como también en el Hospital General, donde el personal de servicio intenta disuadirles sin éxito.

Y las mujeres. Las *manolas* se encargaron de Caulaincourt y sus coraceros, un general asombrado que conseguiría a duras penas atravesar la Puerta de Toledo camino de la almendra central, mientras que en la del Sol el coronel Dausmenil pierde varios caballos tras varias cargas que fueron minando a los oponentes que estaban tras barricadas hechas con cualquier cosa.

La resistencia va cediendo. Hacia la una, una hora después de que Murat emplace al Consejo de Castilla para que calme a los amotinados, se va notando el cansancio y el gran desequilibrio entre unos y otros luchadores. Todos empiezan a saber que la derrota está próxima.

Para tratar de evitar males mayores, O'Farril, acompañado de otras autoridades intentan poner orden. En principio junto a Palacio, incluyendo un bando del infante Antonio exigiendo paz a los madrileños a quienes amenaza con castigos.

A esa misma hora llegan las noticias del desastre de Monteleón, con la consiguiente desmoralización. Se cuenta que el cuerpo desnudo de Velarde ya estaba en la parroquia de San Martín, donde se le vistió de franciscano terciario. Murió con veintiocho años. Daoíz no había muerto todavía, pero pronto llegaría su fin en la calle Ternera número 12. También fue llevado a San Martín. Tenía cuarenta y un años. Nadie sabía donde estaba Ruiz, aunque nosotros sí: «escondido por sus hombres».

Algunos oficiales se salvaron, entre ellos Arango, último que quedó en el Parque hasta las seis de la tarde, hora en que fueron evacuados todos los heridos.

De entre los casi mil heridos de los franceses (sesenta oficiales y unos novecientos soldados), la mayoría lo fueron en el Parque de Artillería.

EL BANDO
SANGRIENTO

«¿Pero no conoces el bando?
Los que sean encontrados con
armas, serán arcabuceados...
Los que se junten en grupo de
más de ocho personas, serán
arcabuceados... Los que hagan
daño a un francés, serán
arcabuceados... Los que
parezcan agentes de Inglaterra,
serán arcabuceados.»

A LAS DOS DE LA TARDE, con un cielo encapotado en el que las nubes oscuras se confunden con el humo de los fuegos, se publica el bando del duque de Berg, taxativo y claro. Se prohíbe cualquier tipo de reunión. Queda prohibido terminantemente llevar cualquier cosa que pueda servir de arma. Será tenido por enemigo quien no denuncie a un espía extranjero, sobre todo si es inglés. Comisiona a los Alcaldes de Corte para que requisen cualquier cosa que pueda ser utilizada contra los franceses..., y promete falsamente que no tomará represalias en contra de los que se rindan.

Realmente su intención era la de escarmentar duramente a los madrileños para que sirvieran de ejemplo al resto de España. Eso aseguraría una cierta tranquilidad a las tropas invasoras en los futuros avances. Se equivocaría, porque sucedería exactamente todo lo contrario.

Las tropas se aprestan a cumplir las órdenes del mando sin escatimar entusiasmo y celo profesional, podríamos decir. Con lo que sucede que realmente empieza la venganza en desagravio por la humillación sufrida.

Muchos lugares que habían sido «apartados de momento» son visitados de nuevo y el resultado siempre es el mismo, sus habitan-

tes muertos o apresados. No consienten que nadie lleve nada en las manos. Las capas deberán ir sobre el hombro para que se vean bien las caras, porque los soldados saben que cuanto más pobre parezca el paisano, más será un posible culpable. De hecho, acompañan a las tropas francesas los Guardias de Corps, puesto que al mando de la represión y como parte de la comisión militar figuran el Capitán General Negrete y el general Sesti.

A la vez que avanza el día crece el número de detenidos, porque los objetos considerados peligrosos son cosas como martillos, agujas de coser, cuerdas, paletas de albañil, los escalpelos que llevaba un cirujano, líquidos inflamables, bebidas alcohólicas, todo tipo de vasijas que, rotas, podían usarse como armas blancas, barreños, cristales de ventanas, palos, ramas de árbol, tablas de planchar o lavar, barreños, horcas de labranza…, un sinfín. Todo vale con tal de que se entienda bien quién tiene la fuerza y se sepa sin dudas que está dispuesto a utilizarla sin contemplaciones. Es tiempo de terror, sobre todo porque se adivina que la cosa va a ser, a pesar de todo, mucho más dura de cuanto se ha conocido hasta entonces.

No les faltaba razón a quienes lo temían, como quedaría demostrado poco tiempo después.

Fragmento de *Fabricantes clandestinos de pólvora*. Goya.

«Ya estaba cerca de mi casa, cuando un hombre cruzó a lo lejos la calle, con tan marcado ademán de locura, que no pude menos de fijar en él mi atención. Era Juan de Dios, y andaba con pie inseguro de aquí para allí como demente o borracho, sin sombrero, el pelo en desorden sobre la cara, las ropas destrozadas y la mano derecha envuelta en un pañuelo manchado de sangre.»

PODEMOS CONSIDERAR que la última baja producida como consecuencia de las luchas de aquel día aciago se produjo hacia las seis de la tarde, y fue entre la resistencia que había quedado en los alrededores de Monteleón.

Once horas habían trascurrido desde que empezó la agitación, y el resultado era evidente para todos a esas horas. Ya no se oían casi gritos ni algaradas, sustituidos por un batir lúgubre de tambores tocados de un modo capaz de amedrentar a cualquiera. También se oían de vez en cuando campanas tocando lúgubremente, no se sabe si para contribuir al amedrentamiento o como expresión de duelo de algún valiente que se arriesgaba a ser detenido. Más cerca, los cuchicheos y cuentos entre los madrileños, a la espera de la reacción de Murat.

Los rumores y noticias habían llegado ya a los pueblos cercanos. Andrés Torrejón y Simón Hernández, alcaldes de Mós-

INDEPENDENCIA

toles publican el llamado Bando de la Independencia, documento con el que comienza oficialmente la Guerra contra Napoleón. Fue redactado por Juan Pérez Villamil, un aristócrata de la población, y partió raudo hacia el Oeste para ser difundido por los pueblos. De Extremadura se envía a Cádiz y a Sevilla. Se trataba de llamar a la movilización para oponerse a los invasores. Tuvo su corolario en el bando del 6 de junio de 1808, promulgado por la Junta Suprema Central de Sevilla.

Uno de los más famosos bandos de la Historia de España fue este:

«Señores Justicias de los pueblos a quienes se presentase este oficio, de mí el Alcalde de la villa de Móstoles:

Es notorio que los Franceses apostados en las cercanías de Madrid y dentro de la Corte, han tomado la defensa, sobre este pueblo capital y las tropas españolas; de manera que en Madrid está corriendo a esta hora mucha sangre; como Españoles es necesario que muramos por el Rey y por la Patria, armándonos contra unos pérfidos que so color de amistad y alianza nos quieren imponer un pesado yugo, Después de haberse apoderado de la Augusta persona del Rey; procedamos pues a tomar las activas providencias para escarmentar tanta perfidia, acudiendo al socorro de Madrid y demás pueblos y alentándonos, pues no hay fuerzas que prevalezcan contra quien es leal y valiente, como los Españoles lo son.

Dios guarde a Ustedes muchos años.

Móstoles dos de Mayo de mil ochocientos y ocho.»

JUICIOS SUMARÍSIMOS EN CORREOS

«Fuimos al instante a la Puerta del Sol, y en todo su recinto no oíamos sino quejas y lamentos, por el hermano, el padre, el hijo o el amigo, bárbaramente aprisionados sin motivo. Se decía que en la casa de Correos funcionaba un tribunal militar; pero después corrió la voz de que los individuos de la junta habían hecho un convenio con Murat, para que todo se arreglara, olvidando el conflicto pasado y perdonándose respectivamente las imprudencias cometidas.»

El PRINCIPAL LUGAR elegido para celebrar los juicios sumarísimos fue la Casa de Correos, en la Puerta del Sol. Se nombró al efecto una comisión militar que preside el general Grouchy. A partir de ese momento empiezan a traer a los prisioneros, que son sentenciados en pocos segundos tras un sucinto interrogatorio en ¡francés! (¡qué importancia podían tener las respuestas!). Pero también se improvisaron otras cortes de ¡justicia! en la Puerta de Santa Bárbara, el cuartel del Conde-Duque, en San Gil, en El Prado, Cibeles..., realmente fueron consejos de guerra para con quienes no eran militares.

Los procesos duraron mientras los soldados iban registrando las casas señaladas por las bayonetas, las tabernas y otros lugares donde pudiera haber gente escondida, entre ellos las iglesias conventos y hospitales. Se formaron varias cuerdas de cautivos que eran conducidos bajo las ventanas. Los captores fueron abucheados en bastantes casos, y sus voces acalladas a base de tiros. Algunos vecinos fueron capturados por protestar.

No tenemos un testimonio gráfico fiable, pero podemos imaginar la Puerta del Sol llena de todo tipo de soldados vigilantes cargados con todos sus pertrechos..., y al otro lado gentes desaliñadas y aterrorizadas temiendo ser los siguientes que pasaran a formar parte de los reprimidos.

No es necesario insistir mucho en que la mayoría de las sentencias se produjeron sin presencia de ningún tipo de letrado defensor, ni siquiera por parte de las autoridades de la Junta de Gobierno del reino de España. En muchas ocasiones se condenó a muerte a personas ausentes a las que se consideró autores o instigadores de la revuelta en base a testimonios sin documentación alguna ni testigos. Bastó con una mínima mención para dictar una orden de búsqueda.

Las tropas de Napoleón no buscaban hacer justicia, sino dejar bien claro lo que les podría pasar a los disidentes en las próximas fechas, cuando ya estaba decidida la ocupación de España y la puesta a su frente de José Bonaparte, hermano del emperador.

EJECUCIONES
INSTANTÁNEAS

«Mas la muchacha se abrazó a nosotros en el momento en que los granaderos formaron la horrenda fila. Yo miraba todo aquello con ojos absortos y sentíame nuevamente aletargado, con algo como enajenación o delirio en mi cabeza. Vi que se acercó otro oficial con una linterna, seguido de dos hombres, uno de los cuales nos examinó ansiosamente, y al llegar a Inés, paróse y dijo: ¡Esta!.»

LAS NUMEROSAS PATRULLAS dedicaron la húmeda tarde madrileña a expurgar la ciudad. Son numerosos los detenidos que se van incorporando paulatinamente. Toda resistencia lleva aparejada la muerte de un disparo o de un mandoble de sable.

Es lo más llamativo, las ejecuciones en plena calle que ni siquiera fueron precedidas de un juicio. Tampoco conocemos con exactitud cuántas fueron, pero es posible que muchas, sin prolegómeno alguno, ni consideraciones sobre sexo o edad. Entre ellas se encontraría sin duda la de Manuela Malasaña, aunque luego se contaba una leyenda que la situaba junto a su supuesto padre cargando cartuchos y disparando. En realidad la investigación apunta a que era huérfana, y por lo tanto esto no pudo suceder, a pesar de una ilustración tan bella y terrible como la que hizo sobre el hecho Eugenio Álvarez Dumont en 1893 en el semanario ilustrado Nuevo Mundo, con el título En una encrucijada del Madrid de 1808, que podemos apreciar en un detalle en la página anterior.

La cacería además se extendió al interior de las casas madrileñas, que fueron testigos mudos de algunas carnicerías a la vista de los familiares más cercanos, que en muchas ocasiones les siguieron en el turno. No sólo entraron en las casas marcadas, sino en cualquiera que tuviera delante un cadáver de un soldado o un arma abandonada. Se incendiaron varios edificios tras desvalijarlos sin contemplaciones, cosa que también sucedió con iglesias y capillas, donde también se expoliaron objetos de arte o sagrados. Incluso hoy, doscientos años después podemos apreciar desperfectos que tuvieron lugar aquel día.

En concreto, edificios significados fueron el palacio de los duques de Híjar, en la Carrera de San Jerónimo y los del Marqués de Villescas en Alcalá. Pero toda casa de buen porte era susceptible de ser «visitada» y arrasada a gusto de los franceses.

De parte a parte corrió una orden. Se va a proceder a los fusilamientos masivos. Los soldados deberán llevar a testigos que luego cuenten lo que han visto a los demás como advertencia.

La figura que más presente se hace en las calles de la tarde del 2 de mayo son los tamborileros encargados de los redobles que precederían a la muerte traspasando el humo de las hogueras con las que se propiciaba un aspecto aún más terrorífico. Son cortos. No se han apagado sus ecos cuando suena una detonación seca. Un instante breve pero infinito entre la vida y la muerte, tal y como nos lo va a contar dramáticamente Benito Pérez Galdós.

**Así pintó Joaquín Sorolla a Benito Pérez Galdós.
Detalle de la pintura.**

Tapias de la
Cuesta de San Vicente, con algunos
deterioros causados por la actividad bélica.

LOS PRIMEROS
FUSILAMIENTOS

«Después unas como ondulaciones concéntricas en mi cerebro,
parecidas a las que forma una piedra cayendo al mar; después un
chisporroteo colosal que difundía por espacios mayores que cielo
y tierra juntos la imagen de Inés en doscientos mil millones de
luces; después oscuridad profunda, misteriosamente asociada a un
agudísimo dolor en las sienes; después un vago reposo, una
extinción rápida, un olvido creciente e invasor, y por último nada,
absolutamente nada.»

Así TERMINA ESTE CAPÍTULO de los Episodios Nacionales del genial canario Galdós, uno de los más grandes y prolíficos novelistas en lengua española.

Las sensaciones de Gabriel ante su muerte, una descripción maestra donde las haya, debieron ser las de muchos de quienes cayeron ante los numerosos pelotones de ejecución que empezaron a «trabajar» a la caída de la tarde y durante toda la noche en un Madrid atenazado por la tragedia.

Fueron numerosos los lugares donde se fusiló a los madrileños. Algunos directamente en la Puerta del Sol, a la salida de la Casa de Correos. Otros contra las paredes del Hospital del Buen Suceso, un poco más allá, y otros contra las puertas de uno de los lugares más sagrados de Madrid, la iglesia de Jesús de Medinaceli. También hubo ejecuciones en El Prado y en algún que otro punto de las afueras.

Los vecinos de la ciudad masacrada pasaron la noche entre disparos, los que segaban vidas, y los que iban destinados simplemente a advertirlos y asustarlos. Pero lejos de conseguir este efecto, la indignación iba creciendo en intensidad y pronto los franceses empezarían a tener problemas que, como ya hemos apuntado, significaron la distracción de gran cantidad de efectivos y medios que podían haberse utilizado en otras partes. Como en otras ocasiones, la soberbia y el desprecio se pagaron muy caros. Aunque desde luego los que más alto precio dieron fueron los que pusieron en la balanza sus vidas.

Aquella noche tuvo muchos protagonistas, como hemos visto, entre ellos también las luces de faroles y fogatas que iluminaron los rincones de todas partes con sus juegos de luces y sombras. Fueron apagándose poco a poco hasta que despuntó un amanecer, que lo fue también de la España moderna.

Algunos fueron fusilados en las paredes de Jesús de Medinaceli, uno de los centros espirituales donde acuden más devotos madrileños.

43 *HORRORES A LA LUZ DE UN FAROL*

«… y es que no se piense en tocar nada para su ermosura, pues la tiene en sí esa antigüedad, y si algo se toca, a de ser ymitando lo antiguo…»

(FRANCISCO DE GOYA Y LUCIENTES:
Carta a don Manuel Fumanal,
17 de abril de 1790)

ESTE PÁRRAFO, escrito dieciocho años antes de que el genial pintor sordo asistiera a los acontecimientos que vamos conociendo, revela un pensamiento conservador, sin duda ninguna. Aboga así por restaurar de manera que se conserve el alma de lo antiguo. Un modo de pensar muy propio de su tiempo, con el que no es difícil estar de acuerdo, porque encierra gran sabiduría.

Es un retazo del alma de aquel hombre que creó el más terrible icono de lo que fue el levantamiento madrileño. Aunque fue pintado al final de la Guerra de la Independencia, y con cierta lejanía de los hechos, no cabe duda que los hechos impresionaron vivamente al artista, y seguramente forzaron sus más terribles sueños. *Los fusilamientos del 3 de mayo* constituye un hito en la historia de la pintura por muchísimas razones, tanto de tipo histórico como artístico y filosófico.

Se trata de una imagen impactante donde lo que más importa es la luz como protagonista de la historia y de la infamia a la vez. Un rayo amarillento que llega a ser blanco, pero muy brillante, ilumina la cara de los condenados en el último momento desde un extraño farol cúbico que funciona como un reflector sin que sepamos gracias a qué mecanismo. Un artificio para representar el horror simbolizado en una camisa blanca desplegada como si fuera un crucifijo en el instante que va a mancharse con la sangre del fusilado. También la iluminación nos muestra el rostro de los asistentes en su desesperación, y de los ya muertos en su olvido. El segundo siguiente lo podemos imaginar perfectamente.

De los soldados del piquete, no vemos más que los uniformes, de los que cuelgan los sables, y los fusiles en «apunten» que emplean para realizar su mortífera tarea. Sus rostros permanecen en la ignorancia, quizá porque el genial pintor no encontró la forma de pintar el odio violento e irracional de sus rostros. O lo que es peor, la indiferencia y el desprecio ante la muerte de unos pobres desgraciados que quizá no son los más culpables.

Cuando hoy paseo por las tapias de la casa del Príncipe Pío, no puedo evitar un cierto estremecimiento. Porque allí fueron fusilados a las cuatro de la madrugada la mayor parte, en la Plaza de los Afli-

2 de mayo de 1808

gidos, donde estaba el convento de San Joaquín. Fueron cuarenta y tres vidas segadas de
golpe, como acto final dramático y terrible
de un sainete violento que había empe-
zado pocas horas antes.

Hay algo que se nos olvida de esta
obra maestra. En la parte superior, tal y
como sucedía en el otro cuadro que ya
hemos comentado al hablar de la carga
de los mamelucos, la ciudad, insisto de
nuevo, es también protagonista. Allí apa-
recen unas casas y santuarios indefinidos
que arañan el cielo oscuro. No hay
mucho que decir de ello porque ya
todo se ha dicho, pero simplemente
anotar algo obvio que se olvida a
menudo. Todo edificio, toda ciudad, todo lugar donde el hombre
ha vivido emociones intensas,
queda impregnado de un último estertor, y permanece en
forma de espíritu hasta que es olvidado. Por eso el mayor respeto
y reconocimiento a nuestros antepasados es reservarles un sitio en
nuestra memoria. Madrid conserva
muchos rincones que nos llevan a
aquel día.

Francisco de
Goya y
Lucientes, el
reportero
gráfico del 2 de
mayo.

EPÍLOGO:
LOS CARROS DE LOS MUERTOS

«El choque es brutal, de un salvajismo nunca visto. Tan ebrios de ira que algunos ni se preocupan por su seguridad personal, los madrileños se meten entre las patas de los caballos, se agarran a las bridas y se cuelgan de las sillas, apuñalando a los mamelucos en las piernas, en el vientre, destripando a los caballos que caen patas al aire coceando sus propias entrañas.»

(ARTURO PÉREZ REVERTE: *Un día de cólera, 2008*)

AQUELLA MAÑANA no se escuchaba el canto de los pájaros en los plátanos del Paseo del Prado. Parecían entender que aquel chirrido era entonces lo más importante. El chirriante sonido de los ejes sin engrasar de los nueve carros que llevaban a los muertos.

Recogieron su carga cerca de la Cibeles, en un lugar conocido como el «canapé», linde entre el Retiro y el Prado. Hoy día es la Plaza de la Lealtad o de los Mártires, donde se guardan las cenizas y el recuerdo de algunos de los protagonistas de aquella gesta, alumbrada permanentemente por una llama con vocación eterna. Allí llevaron los restos de los héroes de Monteleón años después.

En cuanto a los cuarenta y tres ajusticiados anónimos de la montaña de Príncipe Pío, Murat ordenó que sus cuerpos quedaran allí durante varios días para que se les pudiera ver bien, y dada la época del año, su olor se extendiese por Madrid. En otros sitios estuvieron expuestos hasta cinco días después: el convento de Jesús, la cripta de San Sebastián, Trajineros, donde fueron enterrados.

Los que pintó Goya acompañaron a sus famosos frescos en un hoyo en el cementerio de la Buena Dicha, en la Florida, hasta que llegó el día 12 de mayo.

El resto lo cuenta la historia. Un nuevo rey, José I, hermano de Napoleón, vino a reinar a España durante unos pocos años y le dio su primera Constitución. A pesar de que el pueblo se burló de él con diversos epítetos, y de que le llamaba descaradamente borracho, no fue mal gobernante. Quizá su hermano debiera haber confiado más en sus buenos oficios.

Al arma, españoles,
al arma corred,
salvad a la patria
que os ha dado el ser.

Haciendas y vidas
todas ofreced,
si os llamáis sus hijos
mostradlo otra vez.

Viva nuestra España
perezca el francés,
mueran Bonaparte
y el duque de Berg.

(ANÓNIMO)

Monumento a los héroes del 2 de mayo. Plaza de la Lealtad.

Fiestas en
San Antonio de la Florida.

LA CIUDAD PROTAGONISTA

El Madrid del Levantamiento

La evolución de Madrid a través de las cartografías disponibles revela precisamente esa condición de laberinto tortuoso y caótico que aún sigue siendo en su parte central, a pesar de distintas remodelaciones, como la que hizo el propio Jose I.

El primer núcleo lo constituyó el alcázar árabe y la muralla protectora con tres puertas, la de la Vega, la de Santa María y la de la Sagra. Con la conquista cristiana, el perímetro crece al doble, añadiendo las puertas de Moros, Cerrada, Guadalajara y Valnadú, desapareciendo la de la Sagra. En el siglo XV tenemos la Latina, el postigo de San Millán, Atocha, Sol, San Martín y Santo Domingo. En tiempos de Felipe II se llega hasta la puerta de Alcalá, la red de San Luis, Antón Martín, Toledo y se abre la de Segovia junto a la de la Vega, la más antigua.

El plano antiguo más importante es el del portugués Pedro Teixeira, encargado por Felipe IV, para ampliar el de Witt de 1635. En él podemos reconocer casi todas las calles que conocemos, aunque ha habido bastantes reformas posteriores. En el se basó León Gil de Palacios para realizar su conocida maqueta en 1830, que puede verse en el Museo Municipal.

Vista de Madrid de Anton van den Wingaerde, 1561.

106

Fragmento del plano de Pedro de Teixeira, 1656.

En 1857, Carlos María de Castro propone una ampliación que se realizaría después siguiendo pautas más racionales inspiradas por el Marqués de Salamanca.

La evolución posterior fue incorporando nuevos barrios, hasta llegar al estado actual en que la ciudad ha crecido de un modo exponencial, incorporando los pueblos de alrededor constituyendo un verdadero distrito federal.

En el plano que hemos elaborado presentamos el Madrid de los hechos, con indicaciones significativas.

MADRID 1808

1 Alcalá
2 Aranjuez (Camino de)
3 Atocha
4 Puerta de Bilbao
5 Iglesia del Buen Suceso
6 San Bernardo y los Voluntarios del Estado
7 Carabanchel (Camino de)
8 La cárcel de Corte
9 Carrera de San Jerónimo
10 El Buen Retiro
11 El Carmen Calzado
12 Convento de las Maravillas
13 Calle de el Espejo
14 Parque de Artillería de Monteleón
15 El Prado
16 Plaza de la Lealtad o de los Mártires
17 Neptuno
18 Cibeles
19 Calle Fuencarral
20 Calle Hileras
21 Jesús de Medinaceli
22 Postigo de San Martín
23 Puerta Cerrada
24 Lavapiés
25 Puerta del Sol
26 Paseo de la Florida
27 Calle de La Palma
28 Huertas de Leganitos
29 Montaña del Príncipe Pío
30 Plaza Mayor
31 Calle Mayor
32 Palacio Grimaldi
33 Palacio Real
34 Pasaje de San Ginés
35 Tudescos

☠ Fusilamientos

 Tropas francesas

Trayectoria de los sublevados.

La ciudad y su entorno

Los hechos relatados tuvieron su escenario: calles, edificios, monumentos, rincones… También fueron protagonistas aquel día no tan lejano. Vamos a hablar ahora de ellos, porque tienen más historias que contar, algunas verdaderamente interesantes. Así conoceremos mejor las peripecias de esta extraordinaria ciudad a lo largo del tiempo. Seguiremos la numeración del plano anterior.

1 Alcalá

Hoy día la calle empieza en la Puerta del Sol, y se diluye bruscamente en la rotonda de la plaza Eisenhower junto al barrio de Ciudad Pegaso, lo que la convierte en la vía más larga de Madrid, con sus aproximadamente once kilómetros desde el punto que se considera el «cero» a partir del que nacen todas las radiales de España.

No sólo es la más larga, sino una de las principales arterias que se dirigen al noroeste y, realmente su prolongación ha ido determinando la propia historia de Madrid. Cuando la ciudad terminaba en la Puerta del Sol, más allá, en dirección a Alcalá de Henares y por tanto hacia Guadalajara, Aragón y Cataluña, partía un camino carretero que transcurría entre olivares.

Aspecto actual del arranque de la calle de Alcalá.

Debemos mucho a los olivos. Sin ellos nuestra civilización no hubiera podido desarrollarse aquí. Además determinaron y lo siguen haciendo usos y costumbres muy concretos, y entre ellos influyeron siempre en la toponimia. Porque esta calle se llamó así, de Los Olivares, a la que acudía la gente a refrescarse en los desaparecidos Caños de Alcalá.

Fue la reina católica, doña Isabel de Castilla, quien mandó talar el bosque para evitar que fuera escondite para los bandidos que asaltaban a los caminantes que iban a Alcalá de Henares. Así que cambió su nombre. Con ello desapareció también el Humilladero de San Hermenegildo, donde se rendía culto a San Miguel, y en cuyos alrededores sucedían todo tipo de tropelías a manos de facinerosos, en concreto robos y asesinatos.

La importancia de la antigua Compluto (Alcalá) fue determinante en el desarrollo urbanístico de esta calle, que pronto fue dotada de palacios, iglesias, conventos, jardines y edificios primorosos. Su llegada al arroyo de Valnegral (hoy canalización subterránea), que regaba el prado que luego se transformó en el paseo del mismo nombre, no significó su fin. Continuó extendiéndose hacia el parque de El Retiro, en cuya entrada Carlos III situó la famosa puerta hecha por Sabatini, cuyas piedras conservan aún algunos desperfectos causados por diferentes conflictos, entre ellos el que nos ha ocupado aquí y el que protagonizaron los «Cien Mil Hijos de San Luis» cuando los liberales pusieron en peligro a Fernando VII. Al duque de Angulema se le fue la mano un tanto.

Pero antes de seguir debemos recordar algunos edificios que fueron protagonistas hace doscientos años, como la casa de la Aduana, en los primeros números de la calle, obra de Sabatini. Hoy pertenece al Ministerio de Hacienda. Muy cerca Carlos IV situó el Depósito Hidrográfico, encargado de custodiar los trabajos de Jorge Juan o Antonio Ulloa en diferentes expediciones marítimas, aparte de multitud de documentos relacionados con los viajes o la naturaleza, sobre todo cartografías destinadas a la navegación. Aquí había una fonda llamada de La Cruz de Malta. Hoy día, con añadidos y reparaciones pertenece al Ministerio de Educación y Ciencia.

Santa Teresa fundó los Carmelitas Descalzos en el convento de San Hermenegildo. Hoy es la parroquia de San José y su imagen más sagrada es la de la Virgen del Carmen, una de las que más devoción tuvieron en Madrid, obra del francés Roberto Michel. La capilla de la Santa fue iniciativa de aquel Rodrigo Calderón que subió tan orgulloso a la horca ante el estupor de sus verdugos. Fue desamortizado por Mendizábal, con lo que sólo podemos ver hoy la iglesia que, según las crónicas, fue ocupada por las tropas francesas hace doscientos años. La parte del convento tuvo una vida un tanto azarosa. Tras servir para dirigir al ejército, fue el teatro Apolo y después el actual Banco de Vizcaya.

También estaba por entonces la casa de las Monjas Vallecas que luego fueron trasladadas, y el convento de la Concepción Real de Comendadoras de la Orden de Calatrava, las Calatravas, que habían venido desde Almonacid de Zorita. Hoy sólo queda la iglesia. Hubo también una hospedería regentada por Cartujos, con una imagen de San Bruno que hoy puede verse en la Academia de San Fernando.

Casino de Madrid y Real Academia de Bellas Artes.

Convento de Las Calatravas.

Hubo más lugares donde se aposentaron los oficiales franceses, como el convento de las Carmelitas Recoletas, a quien llamaban las Baronesas, puesto que había sido fundado por Beatriz de Silveira en 1650. Fue derribado en 1836.

Donde hoy está el Banco de España, había una iglesia también ocupada, la de San Fermín de los Navarros, en la Plaza de la Cibeles, donde también está el palacio que construyeron los duques de Alba en 1769, sobre las «casas de Buenavista». Aquí vivió la amiga de Goya, la duquesa de Alba, María Teresa Cayetana de Silva Álvarez de Toledo, mujer extraordinariamente «desprendida». Como había muerto en 1802, no pudo ver lo que pasó el 2 de mayo, cuando ya había sido ocupado por Godoy como regalo del Ayuntamiento, de quien se sospechaba que había tenido que ver algo con la muerte de su predecesora. El Príncipe de la Paz le dio uso militar, como Parque de Artillería y Museo. Hoy es el Cuartel General del Ejército de Tierra.

Al otro lado están los actuales Palacio de Telecomunicaciones, hoy Ayuntamiento de Madrid, y el célebre Palacio de Linares, por sus supuestos fenómenos paranormales.

113

Arriba: la Cibeles en contraste con el Palacio de Linares.
Derecha: la Parroquia de San José, con la Virgen del Carmen.

Hemos hecho en este trabajo diversas menciones a la Real Academia de Bellas Artes de San Fernando, fundada por Felipe V en 1744 (aunque su actual nombre lo tiene desde 1873). Pues bien, está en la calle Alcalá, en el número 13. Su historia es larga desde que fuera situada aquí por Carlos III sustituyendo al Gabinete de Historia Natural. El edificio es obra de Churriguera, por encargo del ilustrado don Francisco Miguel de Goyeneche, conde de Saceda y marqués de Belzunce. Fue restaurado por Villanueva y es Monumento Nacional. Es de suponer que bajo su sombra sucedieron cosas terribles durante el levantamiento, cuando la calle acababa en la Puerta que lleva su nombre, donde está una de las entradas principales del Parque del Retiro.

También hubo una plaza de toros que luego fue trasladada a las Ventas del Espíritu Santo. En ella tuvo lugar el intento de atentado contra Fernando VII por parte de Richard y Gutiérrez en el año 1818. Les condenó a muerte, cosa propia de la época. No fue éste el único magnicidio que se perpetró en esta calle. En 1847 La Riva disparó contra el carruaje de Isabel II.

Terminamos recordando que el tramo entre Cibeles y la Puerta de Alcalá fue el Pósito de la Villa, donde se distribuía el grano.

2 ARANJUEZ (Ver portadilla página 30)

ESTA VILLA DEL SUR DE MADRID, regada por el río Tajo, tiene gran importancia en la génesis de los hechos, y realmente, si nos damos cuenta, el motín de marzo es mucho más significativo que el levantamiento de Madrid por su gravedad. No olvidemos que el pueblo hizo abdicar a un rey y casi termina con su primer ministro. Allí quedó claro el caos que estaba viviendo la península Ibérica en ese momento y quizá hay que situar allí el nacimiento, o al menos la gestación de lo que sería la nación española durante el siglo XIX. También hay que señalar la poca importancia que dio Napoleón a aquellos hechos, que trató de utilizar a su favor, pero que terminaron actuando en su contra.

En lo que tiene que ver con nuestro paseo por lugares especiales, debemos resaltar el carácter admirable de esta población ribereña. Como sucede con todos los núcleos urbanos de estas características, su origen es insondable. Testigos son los numerosos útiles líticos que han aparecido en sus orillas, destinados a la caza y al tratamiento de la comida. Pero también restos cerámicos abundantes y sepulturas. Los visigodos transformarían algunos asentamientos, como el de Oreja, desde cuyo castillo se vigilaba bien toda la vega, lugar de paso donde abundaba la caza.

En tiempos de Alfonso VII, 1118, sabemos que existían diversas alquerías, como Aranz. Atraídos por la riqueza agrícola, la caza y la pesca, los santiaguistas llegaron a estas tierras en tiempos de Alfonso VIII, y el primer maestre fue Rodrigo Fernández de Fuente Encalada, aunque fue el comendador Pedro García de Orella quien le dio nombre. Hoy día, tanto la fortificación como el poblado son sólo sombras fantasmales de su pasado. Sin embargo la cruz de Santiago está en el escudo de Aranjuez, que fue considerada siempre zona de recreo, la Mesa Maestral de Santiago. Fue un maestre, Lorenzo Suárez de Figueroa quien crea un edificio cercano al actual Palacio Real, y que será quien atraiga a este lugar a los reyes y a su corte en busca fundamentalmente de diversión y descanso.

Fuente de Venus. **Jardines de Aranjuez.**

Fernando el Católico fue nombrado maestre vitalicio de la Orden, con lo que creció la importancia de aquellos bosques abundantes en aves acuáticas, en especial en la llamada Isla de la Reina. En el siglo XVI se realizan varias obras hidráulicas y poco después Carlos I la adquiere como administración real (también fue Gran Maestre). Se crea entonces el Real Bosque y la Casa, ampliándose notablemente en época de Felipe II, que le otorga la consideración de Real Sitio. Se levantó entonces un nuevo palacio bajo la vigilancia de su arquitecto Juan Bautista de Toledo, a quien siguió el aposentador real Juan de Herrera. Éste encargó la dirección de las obras a Juan de Minjares. La afición mal disimulada del rey prudente por los logros de los alquimistas convirtió esta vega en un jardín botánico donde se cultivaron las especies que luego fueron llevadas a la Casa de las Aguas del Monasterio de El Escorial para que trabajaran destiladores y espagiristas.

El clima, la feracidad y belleza de lugar, determinaron un fenomenal desarrollo durante el siglo XVIII, siendo lugar preferido por Fernando VI y Bárbara de Braganza, quienes tuvieron que restaurar el palacio tras un incendio, proyecto de Bonavía. Carlos III permitió que se introdujeran ideas vanguardistas para su época en el diseño y dotación de los jardines. Y Carlos IV pasó allí sus mejores..., y sus peores momentos, como sabemos.

Pero lo más importante aquí, sin duda, es que es el lugar mágico donde se plasmaron una serie de conceptos esotéricos e iniciáticos con el soporte físico de los jardines. Un libro publicado en 1499, *El Sueño de Polifilo* (*Hypnerotomachia Poliphili*), fue el inspirador de un modo de hacer muy particular. Influyó poderosamente en diseñadores como Sabatini, arquitectos, jardineros, escultores y pintores, creando el gusto estético ilustrado, que mezcla lo sagrado con lo profano y mítico a partes iguales. En Aranjuez hay nereidas; están Hércules y Anteo; Ceres; bustos de emperadores romanos, reyes y otros personajes históricos y fabulosos; Apolo..., Venus, que contrastan con las pinturas religiosas abundantes en el interior del palacio. En definitiva, una búsqueda interior a través de lo exterior, no tan pagana como se cree.

3 ATOCHA

LA POPULAR PLAZA, sobre todo por la presencia de una de las dos estaciones de ferrocarril más importantes de la capital, tenía entonces una tosca puerta de ladrillo de tres vanos, por donde los madrileños iban a tres lugares sagrados. Desapareció para siempre en 1851.

No hay consenso sobre el origen de este nombre. Hay dos hipótesis. La más imaginativa sitúa el origen en una deformación fonética de Antioquía, supuesto que la imagen sagrada de la Virgen hubiese venido de aquella región. Siguiendo este rastro, habría sido tallada por el mismo San Lucas, ayudado por Nicodemo. Pero esto supondría grandes dotes de anticipación por parte del evangelista, puesto que siguió modelos posteriores o, lo que sería más sorprendente, inspirado por figuras paganas muy antiguas, puesto que es una Virgen que podemos encuadrar dentro de las «negras». Pero ya se sabe, los milagros son eso: milagros.

El observatorio de El Retiro, sobre el antiguo cerro de San Blas, sobre la zona de Atocha, un lugar importante de Madrid.

La otra tiene una leyenda más probable, que nos lleva a los tiempos de la conquista de Mayrit (arabización de *matrice* –agua madre–) por Ramiro II. Un caballero, llamado Gracián Ramírez, de Rivas de Jarama, iba con las tropas, y fue quien la encontró dentro de un atochar o espartal, planta común en esta zona de la meseta castellana. Habría este hombre dado muerte a su mujer y a sus hijas para que no fuesen mancilladas por los enemigos. Una vez terminada la batalla volvió a por la imagen, y allí encontró a su familia resucitada milagrosamente. Este hecho fue cantado por diversos autores, entre ellos Lope de Vega. También se dice que la ermita, que habría estado en Santiago el Verde, junto al Manzanares, fue trasladada por Gracián a su emplazamiento. Existe un documento que habla de la devoción que san Ildefonso tuvo por la imagen, lo que la sitúa en el siglo VII. Históricamente la ermita primitiva existía en tiempos de la ocupación musulmana, y una prevención para consentir su presencia y culto. Como se ve, todo anda muy liado, porque además la talla tiene aspecto bizantino decadente.

Sea como sea, en la Edad Media ya había un culto a esta Virgen de tal importancia que cuando llegó el Renacimiento, Carlos V consintió que García de Loaysa, el inquisidor, y Juan Juárez Hurtado de Mendoza, su confesor, defendieran que una comunidad de dominicos procedentes de Talavera se encargara del santuario. Adriano VI mostró su acuerdo con una bula. Los franceses contemplaron convertir el santuario en cuartel en abril de 1808, aunque el 13 de agosto al parecer, el general Pedro González Llamas entró allí para agradecer la victoria de Bailén. El 5 de diciembre, con motivo de la capitulación en Chamartín, la imagen hubo de ser trasladada a las Descalzas Reales, porque el santuario fue ocupado definitivamente por los soldados de Napoleón. Quizá por esto cuando volvió Fernando VII, fue el primer lugar donde quiso que se simbolizara su regreso ofreciendo la Gran Cruz de Carlos III.

Hubo otros dos lugares santos cercanos, uno la ermita del Cristo de la Oliva, más o menos donde está hoy el Museo Antropológico; y la de San Blas, en el cerro del mismo nombre donde el Retiro acaba en cuesta sobre la calle Poeta Esteban Villegas.

4 PUERTA DE BILBAO

LA ACTUAL GLORIETA DE BILBAO fue límite de la ciudad cuando allí estaban los pozos de la nieve y fue el solar del convento real de la Paciencia de Cristo.

Fue fundado este edificio religioso por Felipe IV y su esposa Isabel en 1639. Nueve años antes hubo un proceso contra unos judíos falsos conversos que vivían en la calle de las Infantas. Dice la leyenda que tenían en la puerta un Cristo y que se reunían para torturarle en una «fiesta de los azotes», ceremonia que, por supuesto, celebraban en secreto. Quiso la casualidad que fuera vista por uno de los hijos, quien lo contó a su maestro. Y éste fue a contárselo inmediatamente a la Inquisición.

Jorge Cuaresma, Miguel Rodríguez, Fernán Váez, Leonor Rodríguez, Isabel Núñez Alonso y Beatriz Núñez fueron quemados en un auto de fe en la Plaza Mayor, el 4 de julio de 1632. Las casas «mancilladas» fueron demolidas, y para resantificar el lugar, se alzó el convento citado, que fue de religiosos capuchinos con la advocación que conocemos.

Allí estaba el 2 de mayo, porque su desamortización y desaparición tuvo lugar a partir de 1836. Por tanto, aunque no tengamos referencias claras, debió tener su importancia ese día.

Zona de la Puerta de Bilbao en el plano de Teixeira. Vemos el final de la calle Fuencarral, donde comenzaba el camino de este pueblo, y los pozos de la nieve.

5 Iglesia del Buen Suceso

Importante lugar de refugio y luego de represión de los madrileños, estaba a la sazón en la Puerta del Sol.

Hay confusión sobre cuando se construyó. Unos dicen que fue Juan II en 1438, con motivo de una peste; otros que fueron los Reyes Católicos en 1489 en Baza, con la categoría de hospital itinerante de corte. Carlos I lo emplazó en la Puerta del Sol con el beneplácito de Clemente VII en 1529 mediante una bula. A partir de entonces fue Hospital Real para sus asistentes.

La imagen de la Virgen del Buen Suceso fue encontrada en medio de una tormenta en el obispado de Tortosa por dos hombres, Gabriel de Fontanet y Guillermo Martínez, quienes observaron unos «resplandores» en las rocas donde se habían refugiado. Allí estaba, dentro de una tosca hornacina. Fue llevada al Hospital y situada en una capilla, pero los parroquianos presionaron para que estuviera en el altar mayor, acompañada de un hermoso retablo.

Fue lugar muy visitado por numerosos madrileños, en concreto el gremio de plateros tuvo allí su congregación.

Con la reforma de la Puerta del Sol de 1854, todo fue derribado y reconstruido en la calle de la Princesa, donde duró hasta 1975 para ser sustituido por un edificio de estilo modernista.

Reconstrucción ideal del Hospital del Buen Suceso, frente a la fuente de la Mariblanca.

6 SAN BERNARDO Y LOS VOLUNTARIOS DEL ESTADO

FUE LA CALLE ANCHA, su nombre popular que la diferenciaba de la Angosta (Aduana). Pero antes se llamó de Convalecientes, por el hospital que en tiempos de Felipe II fundó Bernardino de Obregón. Hasta que la construcción del monasterio de Santa Ana de los Bernardos la cambió de nombre (aunque conservó el anterior durante muchos años).

Esquina a la calle de la Luna, estuvo preso don Rodrigo Calderón, Marqués de Sieteiglesias, hasta que fue ajusticiado en el año 1621, tras sufrir la persecución de don Gaspar de Guzmán y Pimentel, Duque de Olivares. Se le acusó de corrupción durante el reinado de Felipe III, y de haber envenenado a la reina Margarita. Popularmente se le recuerda por una frase famosa: «*Tienes más orgullo que don Rodrigo en la horca*», alusiva a la dignidad con la que accedió al cadalso, con gran molestia de sus acusadores que se sintieron ofendidos por su actitud.

En la casa donde estuvo el Noviciado de los jesuitas, tumba de la modelo de Goya, Cayetana de Silva, duquesa de Alba, se instaló la Universidad Central. Antes había estado en las Salesas Nuevas, entre las calles que hoy se llaman Daoíz y Divino Pastor. Éste convento fue fundado en 1798 por María Luisa Centurión y Velasco, marquesa viuda de Villena y Estepa. De corte neoclásico, exhibe en su fachada a San Francisco de Sales y la cofundadora de la orden Santa Juana Fremiot.

A pesar de que José Bonaparte derribo el convento de Santa Clara, las monjas siguieron viviendo en esta calle hasta que se unieron a las Calatravas.

También hubo un convento de benedictinos donde Felipe IV alojó a los extrañados de Monserrat cuando el alzamiento de Cataluña, una bella iglesia frente a la cual llegaron las primeras aguas que brotaron del Canal de Isabel II en 1858.

Pero el sitio más importante en nuestra fecha fue, sin duda, el cuartel de Voluntarios del Estado, al que llegó Velarde airado en busca de tropas con que oponerse a los invasores, hecho que ya conocemos.

La calle terminaba entonces en la puerta de Fuencarral, que se llamaba de Santo Domingo, unida a las tapias del parque de Monteleón. Saliendo por allí estaba el siniestro lugar que servía de quemadero para los inquisidores, lugar donde en 1857 se edificó el Hospital de la Princesa, por la heredera, la infanta Isabel Francisca.

Restos del castillo de Torremocha, en Santorcaz, prisión del Estado para personalidades como el Cardenal Cisneros, la Princesa de Éboli o don Rodrigo Calderón, que tuvo su última celda en la calle San Bernardo.

2 de mayo de 1808

7 CARABANCHEL

EN ESTE BARRIO estuvieron acantonadas parte de las tropas francesas. Un lugar interesante donde hubo una casa de postas romana,
Miacium, en la calzada que iba de Segovia a Titulcia, sin que sepamos bien donde estaba esta ciudad, a pesar de que hay una localidad madrileña que lleva ese nombre. Anteriormente se llamaba
Bayona de Tajuña, porque le recordaba la localidad francesa a Fernando VII. Fue el mismo rey quien permitió cambiarle el nombre a
instancias del marqués de Torrehermosa. Es un lugar famoso por
su misteriosa «Cueva de la Luna», con sus connotaciones esotéricas.

La Cueva de la Luna de Titulcia, con sus misteriosos símbolos.

8 LA CÁRCEL DE LA CORTE

LA PRISIÓN DE LA CORTE estuvo en la plaza de la Provincia hasta
1767, en que se trasladó a la parte de atrás, al Oratorio Salvador del
Mundo, anexo al Palacio de la Audiencia, después de Santa Cruz,
hasta 1846.

Hay un documento que refiere en 1781 que: «... *no cabían
los presos en la reducida Cárcel de Villa. La higiene era lamentable.
Sarnosos y dementes convivían con los demás reclusos. En 1803*

hubo una terrible epidemia de tifus en la cárcel de Villa teniendo que ser trasladados los que no cayeron enfermos a Coslada y Ambroz». Alguno debió quedar, porque hubo un traslado a una nueva, la del Saladero, en el año 1833.

No sabemos si de este establecimiento es de donde salieron los reclusos que lucharon en las calles madrileñas para luego volver, porque en algún otro documento se cita el *«presidiario del viejo puente de Toledo»*, sin que haya podido encontrar hasta ahora otra referencia a ese establecimiento.

En cuanto a las mujeres, que debían estar en algún edificio adjunto, o en los mismos hospitales de Atocha, también se escaparon el 2 de mayo, sin noticia de si volvieron o fueron detenidas posteriormente.

9 Carrera de San Jerónimo

Es esta calle paso natural entre el Prado y la Puerta del Sol. Recibe su nombre del monasterio de San Jerónimo del Paso, lugar muy importante en la vida oficial de la ciudad. Y también en nuestro día, porque ya sabemos que por aquí subieron las tropas represoras, disparando a todo lo que se movía, sobre todo en el palacio del duque de Híjar.

El monasterio tuvo su primer emplazamiento en El Pardo, junto al río Manzanares, lugar insalubre que obligó al traslado en el año 1503 al Prado Viejo.

Desde entonces fue centro político y religioso de la Villa, celebrándose en él algunas Cortes del reino e iglesia juradera para los Príncipes de Asturias. El primero que hizo uso de tal privilegio fue Felipe II el 18 de abril de 1528, quien además mandó hacer un velatorio real retirado.

Su imagen gótica es una de las más típicas y bellas de los horizontes madrileños, sobre todo porque al estar sobre el Museo del Prado ha sido vista en todo el mundo alguna vez, además no olvidemos que su claustro ha servido para ampliar la pinacoteca madrileña. Algunas de sus piezas son semejantes a las del segoviano Santa María del Parral, también jerónimo.

Los Jerónimos, sobre el Museo del Prado.

La llegada de Murat significó la expulsión de los frailes, que fueron sustituidos por una caterva enloquecida de bárbaros que dejaron aquello destruido. Cuando volvieron, sólo pudieron hacerlo hasta 1836, en que pasó a ser Parque de Artillería.

Hoy, San Jerónimo el Real es el mejor punto para contemplar esta calle que asciende y donde hoy destacan las Cortes.

10 EL BUEN RETIRO

ESTE PARQUE HACE A MADRID una de las ciudades más privilegiadas del mundo, dotada de un jardín lleno de rincones deliciosos.

Tuvo mucha importancia en esos días como cuartel donde anduvieron varios cuerpos del ejército francés. En concreto fueron la caballería de Grouchy y la Guardia Imperial.

Había en aquellos años un lugar especialmente querido por los madrileños de épocas pasadas, la ermita de San Antonio de los Portugueses. Su patrón era San Antonio Abad y era el lugar donde consagrar a los animales en la famosa fiesta de reminiscencias medievales. El llamado «papa de los locos» o «rey de los cochinos» incluso podría tener su origen en tiempos paganos. Era el Ayuntamiento quien cuidaba de que hubiese dos hermosos guarros destinados a la fiesta, que por cierto molestaba a la Iglesia y a los nobles, por las explosiones de alegría desbordada y desenfreno que se producían y que recordaban una auténtica bacanal. Se suprimió en el año 1697, aunque se repitió el lance en 1722 con resultados desastrosos.

Años después se instaló allí la Real Fábrica de Porcelanas, que posteriormente fue volada por el general Hill, cuando las tropas inglesas fueron inutilizando lugares donde pudieran refugiarse los franceses en la Guerra de la Independencia.

En cuanto a la forma y concepto de sus jardines, conviene no olvidar lo que ya comentábamos al referirnos a los de Aranjuez, aunque aquí se alcanzan otras cotas al haberse incorporado remodelaciones modernas.

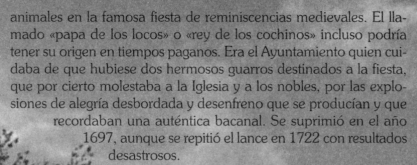

El Ángel Caído, de Ricardo Bellver.

11 EL CARMEN CALZADO (Ver portadilla página 46)

LA CALLE DEL CARMEN es una de las más populares de Madrid, y su nombre tiene una curiosa leyenda.

Hubo en ella un prostíbulo que exhibía en su puerta una imagen de mujer, bien vestida y al parecer articulada. Pasó por la puerta un discípulo de Bernardino de Obregón, que se sintió escandalizado pensando que aquella era una representación de la Virgen. Intentó comprársela, pero ante la negativa acudió al Santo Oficio, que se la entregó a la vez que mandaba a las mozas al «tostadero», junto a quien movía la imagen.

En el lugar se fundó en 1573 el convento de los carmelitas calzados, con el patronazgo del papa San Dámaso, aunque prevalece su nombre tradicional. Aquí fue la primera eucaristía de Juan Bautista Castaneo, que sería Urbano VII.

La iglesia ha tenido varias remodelaciones. Caras, puesto que es una de las más grandes de la ciudad. Algunas tuvieron lugar tras los sucesos de mayo, porque quedó muy deteriorada tras las luchas populares.

El convento se desamortizó en 1836, por lo que sólo queda hoy la iglesia, parroquia de Nuestra Señora del Carmen y San Luis.

Iglesia del Carmen.

12 CONVENTO DE LAS MARAVILLAS (Ver foto página 61)

LA ACTUAL IGLESIA de los santos Justo y Pastor fue el santuario de las monjas de Las Maravillas, por la flor que tenía la Virgen en su mano.

Fue el hospital donde se atendió a los heridos de Monteleón y calles adyacentes, y su campanario forma parte de la lírica popular, como nos cuenta Pedro de Répide.

Campana de la torre de Maravillas, /si es que tocas a muerto,
toca deprisa, / de prisa toca,
Porque tocando a muerto, / tocas a gloria.

13 CALLE DEL ESPEJO (Ver foto página 45)

ESTA CALLE, que se llamó la Angosta del Espejo, tiene algunas de sus casas cimentadas en los restos de la muralla árabe, donde había sido reconstruida una torre de vigilancia de aquellas a las que se llamaba *specula*, de donde recibe su nombre.

14 PARQUE DE ARTILLERÍA DE MONTELEÓN (Ver portadilla página 58)

ESTABA EN LA ACTUAL plaza del Dos de Mayo, a quien se puso su actual nombre por razones legítimas. Se llega por las calles de San Andrés, Dos de Mayo, Daoíz, Divino Pastor, Ruiz y Velarde. Hoy día pertenece al barrio de Chamberí.

En tiempos anteriores, la actual Dos de Mayo se llamaba San Pedro y llegaba hasta el camino de la ronda, al que se accedía por el portillo de Las Maravillas. Todo formaba parte de una finca llamada de Monteleón. Allí existió un hermoso palacio de estilo churrigueresco al que se accedía por la calle de San Miguel y San José (dividida en las actuales Daoíz y Velarde).

Fueron sus dueños descendientes del conquistador Hernán Cortés, los marqueses del Valle, que eran también duques de Monteleón y Terranova. Tenía el edificio un aspecto magnífico en medio del jardín, con una huerta adosada. Lo primero que recibía al visitante era una primorosa fuente de mármol que representaba unas nereidas (espíritus elementales de las aguas), y sobre ellas podía verse el escudo de la casa. Las crónicas hablan también de una estatua del dios Neptuno, de la que no tenemos ningún dibujo.

Al interior se llegaba por una soberbia escalera cubierta por frescos de Bartolomé Pérez, que murió mientras los pintaba cuando se precipitó al suelo por descuido desde el alto andamio. Esto sucedió en el año 1695. La duquesa de Terranova había sido dama de la reina María Luisa de Orleáns, esposa de Carlos II el Hechizado. Dice Pedro de Répide que tenía un carácter recio y fuerte, en contraste con la dulzura melancólica de su ama.

En 1723 ardió en buena parte, de tal manera que quedó muy deteriorado, lo que no fue impedimento para que en 1746 se trasladaran allí desde el palacio del Buen Retiro el infante Luis Antonio Jaime y la infanta María Antonia Fernanda, que acompañaron a la reina Isabel de Farnesio en su viudez de Felipe V.

Tuvo la reina un carácter fuerte y la decidida voluntad de apoyar a su primer hijo Carlos III para que fuera rey. Como primera medida lo consiguió con los reinos de Sicilia y Nápoles. Luis Antonio de Borbón y Farnesio fue elevado al arzobispado de Toledo y de Sevilla a los ocho años, y después al rango cardenalicio. Sin embargo no tenía vocación, lo que le llevó a la renuncia en el año 1754. Pudo ser rey de España cuando murió su hermanastro Fernando VI, pero la habilidad de su hermano mayor lo impidió y además le alejó de Madrid. Fue hombre culto al que le interesó todo el arte. En este sentido el músico Bocherini formó parte de su círculo, junto al arquitecto Ventura Rodríguez y al propio Goya. Su hermana María Antonia fue esposa de Víctor Amadeo III de Cerdeña.

En 1807 es cuando el recinto se convierte en el parque de Artillería por iniciativa de Manuel Godoy, «príncipe de la Paz». Los cañones y sus municiones sustituyeron a las lechugas, y los caballos al ganado doméstico. Aprovechando la circunstancia se instaló allí un buen museo, Se extendió mucho, llegando hasta la huerta del Convento de las Salesas Nuevas, fundado en el año 1798 por María Teresa Centurión. En esta situación, rodeado de casas y calles, su capacidad defensiva era muy discutible, por no decir inexistente. Sobre todo porque sus tapiales no tenían tamaño ni consistencia.

Aquí fue donde se produjeron los hechos más renombrados y heroicos del 2 de mayo. Su suelo fue el receptor de la sangre de mil

Daoíz
y
Velarde.

contendientes, unos heridos y otros muertos, pero todos bajas de una contienda feroz.

La puerta del cuartel perteneció a don Antonio Menéndez Cuesta, quien la cedió en febrero del año 1868 para que fuera parte de un monumento que se instalaría a su lado, en el que Daoíz y Velarde fueron inmortalizados. Fue inaugurado al año siguiente, dotándosele de una verja de hierro para protegerlo. El arco estaba muy deteriorado, pero pudo se restaurado por unos setenta duros gracias al arquitecto José López Salaberry.

Hace cien años, en 1908, hubo una gran celebración para conmemorar el levantamiento y mantener su recuerdo. Para ello se engalanó la plaza con armas como fusiles con bayoneta, lanzas, un cañón y granadas. Allí fue la familia real con los ministros que, junto al alcalde, el conde de Peñalver, acompañaron a algunos descendientes de los héroes, como don Francisco de Villalón y Daoíz. De entonces también son nuevas medidas para sanear el terreno que, mal drenado iba deteriorando el monumento.

En aquellas fechas, cerca, estaba la Escuela Modelo, que fuera Biblioteca municipal tras la fundación por parte de Ramón de Mesonero Romanos.

15, 16, 17, 18 El Prado, la Plaza de la Lealtad o de los Mártires, Neptuno y Cibeles (Ver foto página 75)

La verdad es que realmente El Prado era un vallejo que venía regado por el arroyo Bajo Abroñigal, salpicado de huertas, pastos y espesas alamedas. El manantial nacía en el camino de Maudes, un lugar a evitar, por las leyendas asociadas a su castillo, con brujas y abundantes bandidos, a los que se unieron los protestantes a cuyas cabezas Felipe II puso precio. Hoy día está allí el viejo hospital de San Francisco de Paula, con su aspecto algo siniestro.

Sin embargo, el paseo comprende sólo la parte que va de Cibeles a Atocha, donde el elemento más destacable, sin duda es el Museo del Prado, una de las mejores pinacotecas del mundo.

José I quiso sensatamente hacer un museo en el Palacio de Buenavista (Cibeles), para evitar que sus propias tropas se llevaran el patrimonio artístico que iban encontrando. Eso inspiró a Fernando VII, que decidió hacer lo mismo en el caserón destinado a Gabinete de Historia Natural, cuyas obras había emprendido Juan de Villanueva en 1785 y que habría sufrido importantes agresiones durante la ocupación, al ser utilizado como cuartel de intendencia.

El dinero del rey sirvió para terminar las obras que duraron hasta 1819. Se inauguró como Museo Real de Pintura y Escultura. A partir de aquí fue incorporando obras y ganando prestigio hasta nuestros días, con sus colecciones únicas, a las que hay que añadir las del cercano museo Tyssen.

Plaza de la Lealtad.

No es menos vistosa la Plaza de los Mártires del 2 de Mayo, o de la Lealtad, por razones obvias, donde descansan los restos de algunos de los protagonistas de aquel día, frente al dios del mar Neptuno. El monumento sirve también para rendir homenaje a todos los Soldados Desconocidos caídos a lo largo de la historia de España.

19 CALLE FUENCARRAL

EMPIEZA EN MONTERA, y termina en la Glorieta de Quevedo. Es una calle importante con paisajes variopintos.

En 1808 terminaba en la Puerta de Bilbao. Allí estaban los pozos donde se guardaba la nieve para venderla en verano. Se llamó antes la Mala de Francia, y era la que utilizaban los correos camino de Irún, pasando por el pueblo que le da nombre.

Fue zona boscosa donde estuvo la quinta del Divino Pastor, pero Felipe II taló la zona para ampliar la capital, con lo que la calle cobró gran importancia.

Aquí vivió el afrancesado Leandro Fernández de Moratín, que tuvo que exiliarse, aparte de otras personas importantes.

20 CALLE HILERAS

RECIBE SU NOMBRE por dos hileras de árboles que eran de gran agrado de Fernando III el Santo, lugar de paseo favorito desde el convento de San Martín.

21 JESÚS DE MEDINACELI

HOY ES UNO DE LOS PRINCIPALES santuarios madrileños. Miles de peregrinos acuden allí los viernes para rendir culto a su imagen, capaz de realizar tantos milagros como los de Fátima o Lourdes.

Francisco Gómez de Sandoval, duque de Lerma y valido de Felipe III, fue quien fundó un pequeño cenobio en 1606, que luego pasó a manos de los duques de Medinaceli.

La talla ha tenido una vida azarosa desde que alguien la hiciera en la Sevilla del XVII. Su primer viaje lo hizo en manos de capuchinos que fueron a Marruecos para que sirviera a los soldados españoles, que no pudieron evitar que cayera en manos enemigas. Éstos la arrastraron y ve-

Hileras.

jaron hasta que los trinitarios la rescataron y trajeron a Madrid en el año 1682.

Desde el primer momento tuvo fama de ser especialmente milagrosa, por lo que pronto empezaron las procesiones y asistencias de los nobles y la Casa Real. Se establece el primer viernes de marzo como día para realizar la romería grande.

El día de autos y posteriores el santuario fue testigo de mucho derramamiento de sangre, pero también víctima de la brutalidad. Al final de la Guerra se intentó repararlo, pero la desamortización del 36 lo dejó vacío hasta 1843, en que volvió a manos del duque de Medinaceli.

Jesús de Medinaceli.

22 POSTIGO DE SAN MARTÍN

EL PRIMER CONVENTO de Madrid fue benedictino, y dependía de Santo Domingo de Silos. Fue dedicado a San Martín.

Podría haber sido construido sobre un cenobio mozárabe, pero el primer documento de referencia habla de San Martín de Mayrit, en el año 1126, reinando Alfonso VII, y quedaba fuera de la villa más allá de la puerta de Valnadú.

Debido a que el prior era la autoridad máxima, surgieron controversias con el concejo matritense, que con el tiempo se saldaron con la incorporación a la jurisdicción de la ciudad, con lo que pasa a ser la más importante de sus parroquias, que tuvo que ampliarse con San Ildefonso y San Marcos. A principios del siglo XVII se escinde de Silos y su prior pasa a ser abad, que de todas maneras era nombrado en el célebre monasterio burgalés.

Este lugar fue protagonista en la Edad Media de otros hechos violentos, cuando Álvaro de Lara sitió una quinta real que luego sería el convento de las Descalzas, para secuestrar a Fernando III el Santo siendo niño, y a su madre doña Berenguela I de Borgoña. Corría aproximadamente el año de 1210. Fueron los frailes y los madrileños de la época quienes lo impidieron entre el fragor de las campanas que tocaban a rebato. Murieron muchos contendientes en aquella refriega. Años después pusieron una cruz de piedra con una leyenda que los recordaba, sustituida años más tarde por una de madera que duró hasta que todo fue derribado. Porque el recinto amurallado creció, y el convento quedó dentro de la ciudad. Hubo que abrir el Postigo de San Martín para dar acceso a las nuevas calles que iban construyéndose hacia el norte.

La costumbre de ir a rezar ante la cruz por las almas de aquellos ignotos luchadores duró hasta los tiempos del alzamiento contra los franceses.

«Pepe Botella» acabó con la iglesia…, y Mendizábal con el convento, que terminó siendo cuartel de la Guardia Civil. En los seis años de «La Gloriosa» —la Primera República (1868)— fue derribado para construir el edificio que fue a partir de entonces la sede central de la Caja de Ahorros y Monte de Piedad de Madrid.

23 PUERTA CERRADA

FUE ESTA PUERTA DE LA MURALLA llamada del Dragón, o de la Serpiente, y desde luego era serpenteante, puesto que tenía dos revueltas. Por esa razón fue cerrada, al estar constituida de tal manera que era imposible ver a su través. En sus recovecos se refugiaban de noche bandidos y asaltadores para realizar su faena con impunidad. De ahí viene el nombre que ha conservado.

Esa estructura tenía también la llamada Puerta de Moros, por dar al barrio de éstos, incluyendo foso y puente levadizo. Dice la tradición que en ella hubo una cruz de piedra que pidió que pusiera San Francisco de Asís, para señalar el camino del calvario que hubo en Madrid y que terminaba en el barrio de Lavapiés.

Según López de Hoyos, su antiguo nombre se debía a que la puerta tenía esculpido un reptil más o menos fabuloso en el dintel o en el mismo torreón que se elevaba encima. Por eso la atribuía a los griegos, pero no parece cierto, y sí que fue árabe, al igual que otras puertas que estos nombraron así en otros lugares.

El 2 de mayo ya no había puerta alguna, sino una plazuela por la que pasaron los sublevados camino de la Plaza Mayor.

24 LAVAPIÉS

AQUÍ ESTUVO LA JUDERÍA que posteriormente sería refugio de moriscos. A sus habitantes se les llamó *manolos* por una curiosa razón. Cuando tuvieron que convertirse, para hacer gala de su nueva fe, ponían siempre a su primer hijo el nombre de Manuel, que como todo el mundo sabe es el otro que se aplica a Jesucristo al significar Dios con Nosotros. Hacia la mitad del siglo XIX se les cambió el apelativo por el de *chulos* y *chulaponas*, que viene del término hispanoárabe *chaul*, que significa muchacho o muchacha.

Esto nos da pie para hablar de los otros personajes típicos de la época, que habitaban el barrio de las Maravillas, los *chisperos*. Recibían este nombre porque en gran mayoría eran herreros, y sus fraguas, infiernos de chispas.

Por otra parte el término *majo* o *maja*, viene de las fiestas paganas romanas de las *maias*, que se convirtieron en los *mayos* cristianos. En su origen fueron exaltación de la primavera con toda su potencia fecundante. Esto explica que entre las ceremonias fuera la principal el cortar un árbol y ponerlo en medio de la plaza principal. El *mayo*, que así se llama, es indudablemente un símbolo fálico que aglutina las demostraciones de fuerza viril de los mozos. En ocasiones, el árbol se derriba con cuerdas empleando el mismo coraje que mostraron los madrileños alzándose contra los franceses.

Reconstrucción ideal de lo que pudo ser la puerta del Dragón o de la Serpiente, hace mucho tiempo desaparecida.

25 PUERTA DEL SOL (Ver portadilla página 84)

SU NOMBRE VIENE DEL ASTRO REY que estaba esculpido en la puerta de un castillo que aquí levantaron los Comuneros de Castilla, dirigidos en Madrid por Gregorio del Castillo y Juan Negrete, que fuera diputado de San Ginés (he aquí otra revuelta en contra de un monarca debido a las maniobras centralizadoras de Carlos V, que habrían de terminar con el poder medieval de los señores y nobles castellanos). Fue derribada en 1570, quedando un espacio diáfano mayor que fue ampliado posteriormente.

Frente al Hospital del Buen Suceso, que ya conocemos, estuvo una estatua dedicada a Diana a la que los madrileños pusieron «La Mariblanca», esculpida por Rutilo Graci. (Ver ilustración página 122).

Quizá este es el lugar más concurrido de la ciudad a lo largo de su historia, entre otras cosas porque fue durante mucho tiempo mercado donde se realizaban transacciones de todo tipo de enseres y alimentos, como hortalizas y carnes.

En 1766 fue lugar importante donde tuvo lugar el famoso motín que terminó con la carrera de Leopoldo de Gregorio, marqués de Esquilache, empeñado en prohibir a los madrileños la capa larga y el sombrero ancho o chambergo, que ocultaban rostros y armas. Serían cambiados por capa corta y tricornio, más acorde con los gustos europeos de la época. La trasgresión había de costar seis y ducados y una docena de días a la sombra, que en caso de reincidencia se duplicarían. Carlos III tuvo que atender a los madrileños soliviantados y destituir injustamente a su hombre de confianza, con lo que demostró cierta debilidad de carácter.

Dos años después se edificó aquí el ministerio de la Gobernación, obra del francés Jaime Marquet, que tuvo un extraño olvido: la escalera. En realidad tenía que haberlo hecho Ventura Rodríguez, pero a este le encargaron empedrar, cosa que le debiera haber correspondido al francés, que era a lo que había venido. El mundo al revés, como tantas otras veces.

Ya sabemos lo que pasó el 2 de mayo aquí, el lugar del choque brutal entre majos y majas, dragones y mamelucos. Pocos años después el cura Merino se planta ante el carruaje de Fernando VII,

**Una de las fuentes que estuvo durante muchos años
en la Puerta del Sol.**

y mostrándole la Constitución de Cádiz, le espeta: «*Trágala, tirano*», de donde viene una de las principales canciones que hoy diríamos «de autor» de la época, reivindicativa y satírica a la vez:

> *Dicen que el Trágala es insultante,*
> *pero no insulta más que al tunante.*
> *Trágala... y muere, tú servilón,*
> *Trágala... tú que no quieres la Constitución.*

Terminar con este espacio señalando su gran importancia a la hora de vertebrar España, puesto que aquí está el Kilómetro Cero del que parten todas las rutas radiales. Quizá por eso siempre ha tenido tanto protagonismo en la historia. En general, casi todo el mundo despide el año, desde hace muchos, con las campanadas del reloj que la preside, enfrente de la estatua de Carlos III, sin olvidar todo cuanto sucedió alrededor de la Guerra Civil. Éste que esto escribe tuvo el honor de ser huésped de las mazmorras a las que se entraba por la calle del Correo unos cuantos días cuando era joven. ¡Eran otros tiempos distintos a los de hace doscientos años!

141

26 Paseo de la Florida (Ver fondo portadilla de la página 104)

En aquella época este lugar era muy importante para los madrileños que descendían desde la montaña del Príncipe Pío para pasear junto al Manzanares. Aquí está la ermita que guarda los restos de Goya, el cronista de aquel día infausto, bajo la cúpula magníficamente pintada por él con los milagros de San Antonio, capaz de «hacer hablar a los muertos».

José de Churriguera fue quien construyó el antiguo santuario dedicado a San Antonio de Padua, en 1720, que fue derribado en 1768, para dos años más tarde —por orden de Carlos III— ser sustituido por otra que a su vez cayó bajo la piqueta en 1792.

Pero la devoción era tal, que Carlos IV tuvo que hacer otro, que encargó a Francisco Fontana, un italiano que hizo el pequeño y sobrio edificio donde descansa su decorador.

Cerca andaba el cementerio donde fueron a parar también los personajes que pintó en pleno fusilamiento en la cercana montaña.

La ermita de San Antonio de la Florida, uno de los lugares de paseo preferidos de los madrileños de 1808.

27 CALLE DE LA PALMA
POR ESTA CALLE corrió mucha sangre, que quizá lavaron las aguas de un arroyo nacido en una fuente, junto a la cual, se dicen que había palmeras que justificaban su nombre.

28 HUERTAS DE LEGANITOS
DICE DE NUEVO RÉPIDE que la palabra viene del morisco *al-gannet*, o sea huerta, que aquí debía haber muchas al ser abundante el agua. Tanto que se formaban allí unos impresionantes torrentes que en una ocasión costaron la vida a un soldado demasiado confiado de la Caballería de Montesa.

Queda en esta calle el recuerdo de los «capones», o sea, los alumnos castrados del Colegio Real de Santa Bárbara de niños cantores, fundado por Felipe II. Fue su director en el siglo XVIII, nada más ni nada menos que Carlos Broschi, o sea Farinelli.

Cuenta la tradición que aquí San Francisco protegió a un delincuente que huía y le pidió que no le delatase. Los duques de Arjona colocaron en su casa una estatua que recordaba el hecho. Luego el edificio fue adquirido por los duques de Pastrana.

29 MONTAÑA DEL PRÍNCIPE PÍO
ANTONIO VALCÁRCEL PÍO DE SABOYA, conde de Lumiares, nació en 1748 en Alicante. Fue príncipe Pío de Saboya, marqués de Castel-Rodrigo y de Almonacid de los Oteros, también Grande de España y presidente de la Junta Suprema de Gobierno.

Realizó distintos trabajos arqueológicos en la región levantina, dejándonos trabajos interesantes, como *Inscripciones de Carthago Nova, hoy Cartagena, en el Reyno de Murcia, ilustradas por el Excelentísimo Señor Conde de Lumiares, individuo de la Academia de Artes y Ciencias de Padua*, que puede consultarse hoy día en internet (http://dialnet.unirioja.es/servlet/articulo?codigo=1369235).

Carlos IV le compró los terrenos que luego llamó Real Sitio de la Florida en 1792, delimitados por lo que es hoy día la Estación del Norte, la Plaza de España, y el Parque del Oeste, o sea, la famosa «montaña», en cuyas tapias fueron fusilados los mentados 43.

También fue este lugar protagonista en las luchas de 1936, al principio de la Guerra Civil, cuando otros madrileños pasaron por las armas al general Fanjul, mil quinientos de sus hombres y ciento ochenta falangistas, que quedaron bajo los escombros del «Cuartel de la Montaña».

Hoy, su cima está coronada por un templo egipcio. Si se pierden los documentos que justifican tal presencia, será el asombro de generaciones futuras que pueden decir muchas tonterías para explicar el fenómeno.

Trasposición de tiempos: donde hubo tantos muertos en distintas épocas, descansa un templo egipcio: Debod.

La Plaza Mayor de Madrid, centro del Madrid de los Austrias.

30, 31 PLAZA Y CALLE MAYOR (Ver foto página 56)

FUE LA MEDIEVAL PLAZA DEL ARRABAL. Hasta que Gómez de Mora la remodeló en 1619, con la estructura que hoy tiene. Tuvo que repararla en 1631, tras un incendio que obligó a quitar los hornos y techumbres de plomo. Una tarea que también tocó al arquitecto Tomás Román cuando ardió en 1672 la Casa de la Panadería.

Más modernamente, en 1790, se quemó la tercera parte de los edificios. Sabatini intervino como bombero jefe. Después, Juan de Villanueva le dio el aspecto que hoy conocemos, aunque la estatua ecuestre de Felipe III no se puso hasta 1848.

Ha sido siempre otro de los lugares emblemáticos de Madrid. Fue utilizada como salón de embajadores, plaza de toros, corte de justicia, con autos de fe como el representado por Francisco de Ricci en 1680, recepción de Carlos III cuando llegó a la capital, campo de batalla en el Motín de Esquilache y, por supuesto, lugar a destacar el 2 de mayo de 1808.

Su historia está unida a la de la calle del mismo nombre que la flanquea, que vio pasear el orgullo de Rodrigo Calderón, poco antes de ser ahorcado.

32 PALACIO GRIMALDI (Ver foto página 42)

COMO YA SABEMOS, su huésped más incómodo fue Murat, puesto que lo eligió como cuartel general. Luego ha sido utilizado en diferentes tareas administrativas, como cuando perteneció al Ministerio de Marina o cuando sirvió como residencia eventual de María Cristina de Austria o Victoria de Battenberg, antes de casarse con Alfonso XII y XIII, respectivamente.

Francesco Sabatini lo construyó como dependencia aneja al Palacio Real, en concreto vivienda de los Secretarios de Despacho, sobre un solar que era del rey y del conde de Sástago.

Es un edificio sobrio con añadidos clásicos. Recibe su nombre de uno de sus huéspedes, el marqués de Grimaldi, pero también fue residencia de Floridablanca y Godoy. Éste fue quien lo decoró con mármoles, esculturas, frescos y puertas primorosas.

33 PALACIO REAL (Ver portadilla página 24)

SE TRATA, DESDE LUEGO, de uno de los más impresionantes y bellos palacios absolutistas, utilizado como residencia por los monarcas españoles y sus familias, desde Carlos III hasta Alfonso XIII, a quien sucedieron los presidentes de la Segunda República. Hoy, como parte del Patrimonio Nacional, es visitado por multitud de turistas y utilizado como sede de actos oficiales.

El viejo Alcázar de Madrid no pudo sobrevivir, ni al incendio de 1734, ni al desagrado que causaba en Felipe V, acostumbrado a Versalles. Así que decidió edificar uno a su gusto, como residencia y centro de poder a la vez.

Su arquitecto fue Filippo Juvara, muy influido por la corriente rococó. Su proyecto era mucho más ambicioso, casi triplicaba al que se hizo, pero el rey se negó influido por la magia del lugar, que ya era un símbolo del poder, y para no alejarse del Campo del Moro.

Quizá falleció por la frustración que esto le produjo. Su sucesor fue Juan Bautista Sachetti, que realiza la dura adaptación de los planos a un sitio mucho más pequeño que el previsto. La solución fue verticalizar lo horizontal, y extender su influencia hasta San Francisco el Grande a través de un viaducto.

Las obras se iniciaron en la primavera de 1738, con materiales traídos de canteras de distintos pueblos, buscando la mayor calidad posible y restringiendo el uso de madera. Lo terminó el napolitano Sabatini en 1764, a quien nombró Carlos III, tras despedir a los responsables de la lentitud que había sido la constante hasta su subida al trono. Sin embargo el interior tendría que esperar más años, y el concurso de pintores de la talla de Tiépolo, Mengs o Bayeu.

Luego vinieron las innumerables remodelaciones que tuvieron lugar durante todo el siglo XIX y parte del XX, en que fue utilizado profusamente por todos los políticos, en especial Francisco Franco, cuya imagen permanece asociada al balcón principal que da a la Plaza de Oriente.

Desde sus ventanas se contempla la belleza de los Jardines de Sabatini, obra de Fernando García Mercadal, siguiendo los planos originales del italiano. También los del Campo del Moro, que fuera lugar de acampada y después cazadero.

El Palacio Real desde los jardines de Sabatini.

34 Pasaje de San Ginés (Ver foto página 54)

Estamos ahora en uno de los rincones más tortuosos, típicos y llamativos del Madrid absolutista. Su patrón es San Ginés de Arlés, que lo fue quizá de una ermita del siglo XIII de la que no tenemos memoria, que empieza con una bula de Inocencio VI en 1358.

El primer santuario se hizo en el año 1453 gracias a Gómez y María Guillén, y duró hasta 1642, en que fue sustituido por el edificio que conocemos hoy, incluyendo remodelaciones como la que reparó los desperfectos del incendio de 1824.

La primera guía del Camino de Santiago, el *Codex Calixtinus*, supuestamente escrito en el siglo XII por Aymeric Picaud, nos cuenta algo de este santo: «*Un arrabal junto a Arlés, entre los dos brazos del Ródano, que se llama Trinquetaille, en donde existe una columna de mármol a la que ataron a San Ginés y lo degollaron; y aún hoy aparece enrojecida por su sangre. El mismo santo, apenas hubo sido degollado, cogió su cabeza con sus propias manos y la arrojó al Ródano, y llevó su cuerpo por el río hasta la iglesia de San Honorato, donde yace. Su cabeza, en cambio, corriendo por el Ródano y por el mar llegó, guiada por ángeles, hasta la ciudad española de Cartagena, en donde ahora descansa*».

Muchos *majos* murieron en este lugar. ¡Paradojas!, el milagrero santo francés no pudo proteger a los madrileños de los soldados arlesianos.

35 Tudescos

Calle asociada desde siempre a bribones y prostitutas, fue sede del Seminario de los Ingleses o Colegio de San Jorge, donde dieron clases los «tudescos», profesores jesuitas procedentes de Saint-Omer, en Flandes, con gran disgusto del rey de Inglaterra.

Esta calle desemboca en la plaza de Santa María Soledad Torres Acosta, flanqueada por la calle de la Luna, que en su confluencia con la de Desengaño, fue el emplazamiento del antiguo convento de Portacoeli, fundado en 1644. Actualmente es la parroquia de San Martín, continuación del que fuera el monasterio benedictino más antiguo de Madrid.

Los levantiscos madrileños pasaron por aquí, ya cerca del barrio de las Maravillas, hoy de Malasaña. Incluso en nuestro tiempo es un verdadero laberinto de calles estrellas y tortuosas, pero lleno de lugares de un gran tipismo, como los azulejos de una farmacia que aún sigue en ejercicio, que anuncian remedios «totales» ya desaparecidos (Ver foto página 20).

Iglesia de San Martín, muy cera de la calle Tudescos. Barroco madrileño atribuido a Churriguera sin datos fiables.

ARTISTAS
DE LA ÉPOCA

Francisco de Goya, reportero gráfico del Levantamiento

Francisco José de Goya y Lucientes nació en la localidad de Fuendetetodos, en Zaragoza. Fue el día 30 de marzo de 1746.

Uno de los más grandes pintores españoles se crió oliendo a barnices, pegamentos y todo cuanto usaba su padre para hacer y decorar retablos, un buen poso para convertirse en aprendiz de artista con José Luzán, pintor de Zaragoza. Tenía por entonces catorce años y allí se formó hasta que cumplió los dieciocho.

Su llegada a Madrid tuvo lugar en el año 1763 con la intención de ingresar como becario en la Academia de Bellas Artes de San Fernando sin lograrlo, ni entonces, ni en 1766. Conoció por entonces a Francisco Bayeu, seguidor de Raphael Mengs y pintor de corte. Se casó con su hermana en 1774 y gracias a su impulso pudo ser considerado un artista importante.

Poco se sabe de un viaje que hizo por varias localidades italianas. En Parma fue reconocido por un jurado como un gran artista. A su vuelta a Zaragoza trabajó en la basílica del Pilar y en el palacio de Sobradiel, además de otros trabajos. Muestra ya influencias de Rembrandt y Velázquez.

Vuelve a Madrid en 1775 para instalarse permanentemente en casa de su cuñado, e ingresa en la Real Fábrica de Tapices de Santa Bárbara, creando cartones con elementos costumbristas que se hicieron muy célebres. Sus dibujos sustituirían a partir de entonces a los de David Teniers, y podemos verlos hoy en El Prado.

En 1789 es ya pintor de cámara del rey Carlos IV, y termina el siglo en este puesto junto a Mariano Salvador Maella. Se hace famoso como retratista con obras como Carlos III, cazador o La Marquesa de Pontejos. Por entonces pintó las «Majas»

Tres años después, tras volver de Andalucía enfermo, queda completamente sordo, hecho que influiría en su obra a partir de ese momento. Empieza a crear los «caprichos», con un fuerte contenido satirizante y divulgador de las creencias de su tiempo. Es su etapa más ideologizada y cuando empieza a frecuentar lugares poco recomendables políticamente.

Los dos cuadros más relacionados con el 2 de mayo fueron pintados en 1814, al terminar la Guerra de la Independencia: *Los fusilamientos en la montaña del Príncipe Pío* y *La lucha con los mamelucos*, con lo que se convirtió en el mejor cronista gráfico de aquellos hechos. Su recuerdo está también presente en la serie *Los desastres de la guerra*.

En los años siguientes comienza su declive público al ser sustituido por Vicente López, menos concienciado y agresivo y más entregado al embellecimiento.

Su carácter se iba ensombreciendo a la vez que su pintura. Decoró su casa en el extrarradio madrileño con las *Pinturas Negras*, como *Saturno devorando a su hijo* o el *Aquelarre del gran cabrón*, influidas por el ambiente político que recuperó a Fernando VII.

En 1824, descorazonado y desanimado, marcha a Burdeos, donde realiza varias litografías. Tras una corta estancia en Madrid dos años después, vuelve para morir el 16 de abril de 1828. Con uno de sus últimos cuadros, *La lechera de Burdeos*, se sitúa junto a Joseph William Turner como origen del movimiento impresionista que vendría años después (ambos lo inspiraron).

La herencia estilística del aragonés es impresionante y permite conocer su tiempo de un modo académico y popular a la vez. Sus retratos de corte hacen pocas concesiones a los personajes. Sus defectos son evidentes, como en *La familia de Carlos IV*. El estudio de sus motivos de inspiración, sobre todo en las estampas costumbristas, de las que hemos incorporado algunas muestras, son la mejor documentación que tenemos para hacernos una idea de cómo era el Madrid que él conoció a principios del siglo XIX.

Otros pintores y grabadores de la época

La figura gigantesca del sordo de Fuendetodos, muy presente en este libro (no podría ser de otro modo), estuvo acompañada por otros artistas que también tienen importancia en relación a conocer los hechos y personajes de la época. Algunos son:

Francisco Bayeu, como sabemos era el hermano de la mujer de Goya, Josefa, y también era aragonés, nacido en Zaragoza en 1734.

Gracias al pintor Raphael Mengs decora el Palacio Real y consigue llegar a ser un hombre importante de la corte de Carlos III. Trabaja entonces para la Real Fábrica de Tapices de Santa Bárbara bajo la dirección de su protector y junto a su hermano Ramón. En 1783 sería su director. A partir de 1763 sus dibujos empiezan a servir para tapizar los palacios reales, como el del Pardo. Sus últimos años hasta su fallecimiento en 1795 los dedicó al retrato.

Bayeu: La Sagrada Familia.

Bayeu no asistió a los hechos del 2 de mayo, pero sí a sus prolegómenos, por eso indagar en su obra es importante para entender el gusto artístico de los aristócratas y nobles en los años anteriores al levantamiento madrileño.

Bartolomé Sureda Miserol, mallorquín, nació en Palma en 1769. Aunque su familia era pobre, pudo estudiar delineación y viajar a Madrid, donde encuentra la protección de Tomás Verí, que le sitúa en el gabinete de máquinas de Agustín de Betancourt. Le encargaron viajar con Baltasar Manuel Boldo en una expedición científica a Cuba como copiador de planos, pero nunca llegó a embarcar. Betancourt tampoco fue.

En 1802 viaja a Francia para desentrañar los secretos de la porcelana, y cuando vuelve a Madrid es nombrado director de la Real Fábrica de Porcelana, llamada La China, en el Retiro. Realiza nuevas diseños para obras que incorporan caolín de Galapagar y Colmenar Viejo, con lo que empieza a hablarse de la porcelana de Madrid.

Hasta 1808, época en que es retratado por Goya, moderniza la fábrica incorporando nueva maquinaría, técnicas y moldes que son salvados de la destrucción de la fábrica en 1812 por parte de los ingleses del general Hill. Fueron llevados a la fábrica de La Florida entre 1818 y 1825 y pasarían también a la Real Fábrica de la Moncloa fundada por Fernando VII.

Pero lo que más nos interesa de este científico fue su apuesta por la litografía, técnica que aprendió del alemán Alois Senefelder cuando estaba en Munich. Por aquel tiempo también se sumó a esta técnica Carlos Gimbernat, vicedirector del Real Gabinete de Historia Natural, como útil para la reproducción de dibujos científicos.

Hoy podemos conocer mejor aquel tiempo gracias a las litografías que Sureda introdujo e incluso realizó, aunque influidas por un gran idealismo romántico propio de su época.

Murió en 1871.

Joaquín Inza, nacido en Ágreda, Soria, en 1736, fue maestro de dibujo de Cayetana de Silva, duquesa de Alba, y retratista de la corte. Aunque no excesivamente valorado, sus pinturas nos permiten conocer a personajes de la época, como Tomás de Iriarte, el marqués de Perales, el infante don Gabriel o la condesa viuda de Benavente. Murió en 1811, sin que se sepa que pintara nada relacionado con el 2 de mayo.

Antonio Carnicero (Ver foto página 29), nació en Salamanca en 1748. Pintor en el Madrid ilustrado, fue hijo de un escultor, Alejandro Carnicero, que acudió a la corte para trabajar y se convirtió en madrileño, y por lo tanto a toda su familia.

Estudió en Roma en 1766 y luego volvió para ingresar en San Fernando hasta que fue pintor de la Casa Real. También hizo cartones para tapices que iban a decorar el dormitorio de la Princesa de Asturias en el Palacio de El Pardo. Hizo retratos a Carlos IV a María Luisa de Parma, y sobre todo, a Manuel Godoy, por lo que es quien nos ha trasmitido el aspecto del Príncipe de la Paz.

También fue grabador, como prueba su serie Trajes de España e Indias, 1777, ilustraciones para el Quijote y temas taurinos. Hay que añadir que gracias a él conocemos a diversos personajes ilustres de su tiempo.

Cuando ascendió José Bonaparte, se vio obligado a optar entre su vieja lealtad y el nuevo rey. No sabemos lo que sintió en su corazón, pero sí que fue pintor de cámara del francés de un modo bastante «circunspecto». Con Fernando VII es apartado de su puesto, que trató de recuperar solicitando acogerse a la amnistía sin lograrlo. Ésta llegó el 29 y él había muerto el 21 de agosto de 1814.

José López Enguídanos, natural de Valencia, donde nació en 1760. Fue pintor, pero su obra más importante son los grabados. También se formó en San Fernando y fue artista de cámara. Manuel José Quintana, el impresor, le contrató para ilustrar un Quijote en 1797 y una Biblia en 1799 con dibujos muy personales.

Carlos III, pintado por Joaquín Inza. Se le considera un pintor menor, excesivamente condescendiente con sus modelos.

Antonio Carnicero: *Ascensión de un globo en Aranjuez.*

El grabador valenciano José López Enguídanos.

Sones populares y académicos de la Guerra de la Independencia

La lírica patriótica

No solamente se ilustraron gráficamente los hechos del 2 de mayo, sino que también inspiraron a diversos vates más o menos comprometidos con el oficio. También es cierto que hubo muchos dichos populares de cierto lirismo atribuidos algunos a autores de la época, pero realmente anónimos.

Conocemos a cuatro poetas que asumieron la tarea de alabar el ardor patriótico de aquellos días o resaltar hechos y gestas. Hablaremos de sus vidas y pondremos un ejemplo de su obra relacionada con nuestro tema.

Manuel José Quintana, madrileño, nacido el 11 de abril de 1772. Estudió en Salamanca y fue abogado en Madrid. Siguió la inspiración de Jovellanos y escribió diversos poemas con aires formales. Fue muy crítico con Napoleón, al que tachó de «opresor de Europa». Perteneció a la Real Academia Española de San Fernando desde 1814.

La represión del levantamiento le puso contra los franceses. A la vuelta del «Deseado» Manuel fue perseguido hasta el fallecimiento del rey. Después se le rindieron todos los honores, incluida una medalla concedida por Isabel II en 1855. Murió dos años después.

Manuel José Quintana,
**por José Ribelles
y Elip.**

MANUEL JOSÉ QUINTANA:
A *España, después de la revolución de marzo*

¿Qué era, decidme, la nación que un día
reina del mundo proclamó el destino,
la que a todas las zonas extendía
su cetro de oro y su blasón divino?
Volábase a Occidente,
y el vasto mar Atlántico sembrado
se hallaba de su gloria y su fortuna.
Doquiera España; en el preciado seno
de América, en el Asia, en los confines
del África, allí España. El soberano
vuelo de la atrevida fantasía
para abarcarla se cansaba en vano;
la tierra sus mineros le rendía,
sus perlas y coral el Océano.
Y donde quiera que revolver sus olas
él intentase, a quebrantar su furia
siempre encontraba costas españolas.
Ora en el cieno del oprobio hundida,
abandonada a la insolencia ajena,
como esclava en mercado, ya aguardaba
la ruda argolla y la servil cadena.
¡Qué de plagas, oh Dios! Su aliento impuro
la pestilente fiebre respirando,
infestó el aire, emponzoñó la vida;
el hambre enflaquecida
tendió los brazos lívidos, ahogando
cuanto el contagio perdonó; tres veces
de Jano el templo abrimos,
y a la trompa de Marte aliento dimos;
tres veces, ¡ay!, los dioses tutelares

su escudo nos negaron, y nos vimos
rotos en tierra y rotos en los mares.
¿Qué en tanto tiempo viste
por tus inmensos términos, oh Iberia?
¿Qué viste ya, sino funesto luto,
honda tristeza, sin igual miseria,
de tu vil servidumbre acerbo fruto?
Así, rota la vela, abierto el lado,
pobre bajel, a naufragar camina,
de tormenta en tormenta despeñado,
por los yermos del mar; ya ni en su popa
las guirnaldas se ven que antes le ornaban,
ni, en señal de esperanza y de contento,
la flámula riendo al aire ondea.
Cesó en su dulce canto el pasajero,
ahogó su vocerío
el ronco marinero,
terror de muerte en torno le rodea,
terror de muerte silenciosos y frío;
y él va a estrellarse al áspero bajío.
Llega el momento, en fin; tiende su mano
el tirano del mundo al Occidente,
y fiero exclama: «El Occidente es mío.
Bárbaro gozo en su ceñuda frente
resplandeció, como en el seno oscuro
de nube tormentosa en el estío
relámpago fugaz brilla un momento
que añade horror con su fulgor sombrío.
Sus guerreros feroces
con gritos de soberbia el viento llenan;
gimen los yunques, los martillos suenan;
arden las forjas. ¡Oh, vergüenza! ¿Acaso

pensáis que espadas son para el combate
las que mueven sus manos codiciosas?
No en tanto os estiméis; grillos, esposas
cadenas son que en vergonzosos lazos
por siempre amarren tan inertes brazos.
Estremeciose España
del indigno rumor que cerca oía,
y al gran impulso de su justa saña
rompió el volcán que en su interior hervía.
Sus déspotas antiguos,
consternados y pálidos se esconden;
resuena el eco de venganza en torno,
y del Tajo las márgenes responden:
«¡Venganza!» ¿Dónde están, sagrado río,
los colosos de oprobio y de vergüenza
que nuestro bien en su insolencia ahogaban?
Su gloria fue, nuestro esplendor comienza;
y tú, orgulloso y fiero,
viendo que aún hay Castilla y castellanos,
precipitas al mar tus rubias ondas,
diciendo: «Ya acabaron los tiranos.»
¡Oh triunfo! ¡Oh gloria! ¡Oh celestial momento!
¿Con qué puede ya dar el labio mío
el nombre augusto de la patria al viento?
Yo le daré; mas no en el arpa de oro
que mi cantar sonoro
acompañó hasta aquí; no aprisionado
en estrecho recinto, en que se apoca
el numen en el pecho
y el aliento fatídico en la boca.
Desenterrad la lira de Tirteo,
y el aire abierto a la radiante lumbre

del sol, en la alta cumbre
del riscoso y pinífero Fuenfría,
allí volaré yo, y allí cantando
con voz que atruene en derredor la sierra,
lanzaré por los campos castellanos
los ecos de la gloria y de la guerra.
¡Guerra, nombre tremendo, ahora sublime,
único asilo y sacrosanto escudo
al ímpetu sañudo
del fiero Atila que a Occidente oprime
¡Guerra, guerra, españoles! Es el Betis;
ved del Tercer Fernando alzarse airada
la augusta sombra; su divina frente
mostrar Gonzalo en la imperial Granada;
blandir el Cid su centelleante espada,
y allá sobre los altos Pirineos,
del hijo de Jimena
animarse los miembros giganteos.
En torvo ceño y desdeñosa pena,
ved cómo cruzan por los aires vanos;
y el valor exhalando que se encierra
dentro del hueco de sus tumbas frías,
en fiera y ronca voz pronuncian: «¡guerra!»
¡Pues qué! ¿Con faz serena
vierais los campos devastar opimos,
eterno objeto de ambición ajena,
herencia inmensa que afanando os dimos?
Despertad, raza de héroes; el momento
llegó ya de arrojarse a la victoria:
que vuestro nombre eclipse nuestro nombre,
que vuestra gloria humille nuestra gloria.
No ha sido en el gran día

el altar de la patria alzado en vano
por vuestra mano fuerte.
Juradlo, ella os lo manda: «¡Antes la muerte
que consentir jamás ningún tirano!»
Si, yo lo juro, venerables sombras;
yo lo juro también, y en este instante
ya me siento mayor. Dadme una lanza,
ceñidme el casco fiero y refulgente;
volemos al combate, a la venganza;
y el que niegue su pecho a la esperanza,
hunda en el polvo la cobarde frente.
Tal vez el gran torrente
de la devastación en su carrera
me llevará. ¿Qué importa? ¿No iré, expirando,
a encontrar nuestros ínclitos mayores?
«¡Salud, oh padres de la patria mía,
yo les diré, salud! La heroica España
de entre el estrago universal y los horrores
levanta la cabeza ensangrentada,
y vencedora de su mal destino,
vuelve a dar a la tierra amedrentada
su cetro de oro y su blasón divino».

(Escrita en abril de 1808)

Alegoría
del Madrid
del 2 de mayo.

Juan Nicasio Gallego. Zamora fue su cuna el 14 de diciembre de 1777. Fue escritor erudito que conocía el latín y había estudiado humanidades. Doctor en Filosofía, Derecho Civil y Canónico fue amigo de Meléndez Valdés. Ejerció como sacerdote madrileño y amigo de Quintana y Cienfuegos.

El 2 de mayo era capellán de Palacio y dejó que su pluma corriese abundantemente. Esperó la llegada de Fernando VII en Andalucía y luego volvió para que éste le persiguiese con gran empeño hasta que consiguió meterlo en prisión dieciocho meses y que fuese mandado a la Cartuja de Jerez durante cuatro años. En 1820 salió como el resto de patriotas a quien el indigno rey Fernando había atacado por ayudarle. Murió en 1852 como consecuencia de una enfermedad que arrastraba desde que había tenido un accidente en la Plaza de Oriente.

Juan Nicasio Gallego.
Grabado de la Biblioteca Nacional.

JUAN NICASIO GALLEGO: *El dos de mayo*

Noche, lóbrega noche, eterno asilo
Del miserable que esquivando el sueño
Profundas penas en silencio gime,
No desdeñes mi voz; letal beleño
Presta a mis sienes, y en tu horror sublime
Empapada la ardiente fantasía,
Da a mi pincel fatídicos colores,
Con que el tremendo día
Trace el fulgor de vengadora tea,
Y el odio irrite de la patria mía,
Y escándalo y terror al orbe sea.

¡Día de execración! La destructora
Mano del tiempo le arrojó al averno:
Mas ¿quién el sempiterno
Clamor con que los ecos importuna
La madre España en enlutado arreo
Podrá atajar? Junto al sepulcro frío,
Al pálido lucir de opaca luna,
Entre cipreses fúnebre la veo:
Trémula, yerta, y desceñido el manto,
Los ojos moribundos
Al cielo vuelve que le oculta el llanto:
Roto y sin brillo el cetro de dos mundos
Yace entre el polvo, y el león guerrero
Lanza a sus pies rugido lastimero.

¡Ay! Que cual débil planta
Que agosta en su furor hórrido viento,

De víctimas sin cuento
Lloró la destrucción Mantua afligida!
Yo vi, yo vi su juventud florida
Correr inerme al huésped ominoso.
Mas ¿qué su generoso
Esfuerzo pudo? El pérfido caudillo,
En quien su honor y su defensa fía,
La condenó Al cuchillo.
¿Quién ¡ay! La alevosía,
La horrible asolación habrá que cuente,
Que hollando de amistad los santos fueros,
Hizo furioso en la indefensa gente
Ese tropel de tigres carniceros?

Por las henchidas calles
Gritando se despeña
La infame turba que abrigó en su seno.
Rueda allá rechinando la cureña,
Acá retumba el espantoso trueno,
Allí el joven lozano,
El mendigo infeliz, el venerable
Sacerdote pacífico, el anciano
Que con su arada faz respeto imprime,
Juntos amarra en su dogal tirano.
En balde, en balde gime
De los duros satélites en torno
La triste madre, la aflijida esposa,
Con doliente clamor: la pavorosa
Fatal descarga suena,
Que a luto y llanto eterno las condena.

¡Cuánta escena de muerte! ¡Cuánto estrago!
¡Cuántos ayes doquier! Despavorido

Mirad ese infelice
Quejarse al adalid empedernido
De otra cuadrilla atroz. ¡Ah! «¿Qué te hice?,
Exclama el triste en lágrimas deshecho:
Mi pan y mi mansión partí contigo;
Te abrí mis brazos, te cedí mi lecho,
Templé tu sed y me llamé tu amigo.
¿Y ora pagar podrás nuestro hospedaje
Sincero, franco, sin doblez ni engaño,
Con dura muerte y con indigno ultraje?»
¡Perdido suplicar! ¡inútil ruego!
El monstruo infame a sus ministros mira,
Y con tremenda voz gritando ¡fuego!,
Tinto en su sangre el infeliz expira.

Y en tanto, ¿do se esconden?,
Do están, oh cara patria, tus soldados,
Que a tu clamor de muerte no responde?
Presos, encarcelados
Por jefes sin honor que, haciendo alarde
De su perfidia y dolo,
A merced de los vándalos te dejan,
Como entre hierros el león, forcejean
Con inútil afán... Vosotros sólo
Fuerte Daoiz, intrépido Velarde,
Que osando resistir al gran torrente,
Dar supisteis en flor la dulce vida
Con firme pecho y con serena frente.
Si de mi libre musa
Jamás el eco adormeció a tiranos,
Ni vil lisonja emponzoñó su aliento,
Allá del alto asiento

A que la acción magnánima os eleva,
El himno oíd que a vuestro nombre entona,
Mientras la fama aligera le lleva
Del mar del hielo a la abrasada zona.

Mas ¡ay! Que en tanto sus funestas alas
Por la opresa metrópoli tendiendo,
La yerma asolación sus plazas cubre!
Y al áspero silbar de ardientes balas,
Y al ronco son de los preñados bronces,
Nuevo fragor y estrépito sucede.
¿Oís como rompiendo
De moradores tímidos las puertas,
Caen estallando de los fuertes goznes?
¡Con qué espantoso estruendo
Los dueños buscan que medrosos huyen!
Cuanto encuentran destruyen
Bramando los atroces forajidos,
Que el robo infame y la matanza ciegan.
¿No veis cual se despliegan
Penetrando en los hondos aposentos,
De sangre y oro y lágrimas sedientos?

Rompen, talan, destrozan
Cuanto se ofrece a su sangrienta espada.
Aquí matando al dueño se alborozan,
Hieren allí su esposa acongojada;
La familia asolada
Yace expirando, y con feroz sonrisa
Sorben voraces el fatal tesoro.
Mustio el dulce carmín de su mejilla
Y en su frente marchita la azucena,

Con voz turbada y anhelante lloro
De su verdugo ante los pies se humilla
Tímida virgen de amargura llena;
Mas con furor de hiena,
Alzando el corvo alfanje damasquino,
Hiende su cuello el bárbaro asesino.

¡Horrible atrocidad!... ¡Treguas, oh Musa,
Que ya la voz rehúsa,
Embargada en suspiros mi garganta!
Y en ignominia tanta,
¿Será que rinda el español bizarro
La indómita cerviz a la cadena?
No; que ya en torno suena
De Palas fiera el sangriento carro,
Y el látigo estallante
Los caballos flamígeros hostiga.
Ya el duro peto y el arnés brillante
Visten los fuertes hijos de Pelayo.
Fuego arrojó su ruginoso acero:
¡Venganza y guerra!, resonó en su tumba;
¡Venganza y guerra!, repitió Moncayo,
Y al grito heroico que los aires zumba,
¡Venganza y guerra!, claman Turia y Duero.
Guadalquivir guerrero
Alza al bélico sol la regia frente,
Y del Patrón valiente
Blandiendo activo la nudosa lanza,
Corre gritando al mar: ¡Guerra y venganza!

Vosotras, oh infelices
Sombras de aquellos que la fiel cuchilla

171

Robó a sus lares, y en fugaz gemido
Cruzáis los anchos campos de Castilla,
La heroica España, en tanto que al bandido
Que a fuego y sangre, de insolencia ciego,
Brindó felicidad, a sangre y fuego
Le retribuye el don, sabrá piadosa
Daros solemne y noble monumento.
Allí, en padrón cruento
De oprobio y mengua, que perpetuo dure,
La vil traición del déspota se lea;
Y altar eterno sea
Donde todo español al monstruo jure
Rencor de muerte que en sus venas cunda,
Y a cien generaciones se difunda.

Goya: *Fernando VII*. El «Deseado», terminó por ser el mayor azote de sus propios partidarios.

Bernardo López García, jienense, nació el 11 de noviembre de 1838, con lo que los hechos de Madrid le quedaban lejos. Sin embargo a él pertenece el poema más famoso dedicado al infausto día, que presentamos aquí.

Políticamente fue contrario a la corona y revolucionario que fue perseguido por Isabel II tras los sucesos de Loja. Murió en Madrid el 15 de noviembre de 1870.

Bernardo López García.

Bernardo López García: *Al 2 de mayo*

Oigo, patria, tu aflicción,
y escucho el triste concierto
que forman tocando a muerto,
la campana y el cañón;
sobre tu invicto pendón
miro flotantes crespones,
y oigo alzarse a otras regiones
en estrofas funerarias,
de la iglesia las plegarias,
y del arte las canciones.

Lloras, porque te insultaron
los que su amor te ofrecieron...
¡a ti, a quien siempre temieron
porque tu gloria admiraron:
a ti, por quien se inclinaron
los mundos de zona a zona;
a ti, soberbia matrona
que libre de extraño yugo,
no has tenido más verdugo
que el peso de tu corona...!

Do quiera la mente mía
sus alas rápidas lleva,
allí un sepulcro se eleva
cantando tu valentía;
desde la cumbre bravía
que el sol indio tornasola,
hasta el África , que inmola
sus hijos en torpe guerra,
¡no hay un puñado de tierra
sin una tumba española!...

Tembló el orbe a tus legiones,
y de la espantosa esfera
sujetaron la carrera
las garras de tus leones;
nadie humilló tus pendones
ni te arrancó la victoria;
pues de tu gigante gloria
no cabe el rayo fecundo,
ni en los ámbitos del mundo,
ni en el libro de la historia.

Siempre en lucha desigual
cantan tu invicta arrogancia,
Sagunto, Cádiz, Numancia,
Zaragoza y San Marcial;
en tu suelo virginal
no arraigan extraños fueros;
porque indómitos y fieros,
saben hacer tus vasallos,
frenos para sus caballos
con los cetros extranjeros...

Y aun hubo en la tierra un hombre,
que osó profanar tu manto...
¡Espacio falta a mi canto
para maldecir su nombre!...
Sin que el recuerdo me asombre
con ansia abriré la historia;
presta luz a mi memoria,
y el mundo y la patria a coro,
oirán el himno sonoro
de tus recuerdos de gloria.

Aquel genio de ambición
que en su delirio profundo
captando guerra, hizo al mundo
sepulcro de su nación,
hirió al ibero león
ansiando a España regir;
y no llegó a percibir,
ebrio de orgullo y poder,
que no puede esclavo ser,
pueblo que sabe morir.

¡Guerra! clamó ante el altar
el sacerdote con ira;
¡guerra! repitió la lira
con indómito cantar:
¡guerra! gritó al despertar
el pueblo que al mundo aterra;
y cuando en hispana tierra
pasos extraños se oyeron,
hasta las tumbas se abrieron
gritando: ¡Venganza y guerra!...

La virgen con patrio ardor
ansiosa salta del lecho;
el niño bebe en su pecho
odio a muerte al invasor;
la madre mata su amor,
y cuando calmado está
grita al hijo que se va:
"¡Pues que la patria lo quiere,
lánzate al combate, y muere:
tu madre te vengará!..."

Y suenan patrias canciones
cantando santos deberes;
y van roncas las mujeres
empujando los cañones;
al pie de libres pendones
el grito de patria zumba
y el rudo cañón retumba,
y el vil invasor se aterra,
y al suelo le falta tierra
para cubrir tanta tumba!...

***

Mártires de la lealtad
que del honor al arrullo
fuisteis de la patria orgullo
y honra de la humanidad...
en la tumba descansad,
que el valiente pueblo ibero
jura con rostro altanero
que hasta que España sucumba,
no pisará vuestra tumba
la planta del extranjero.

Juan Bautista Arriaza y Superviela. «Gato» genuino, había nacido en el año 1790, y fue militar, aunque el día trágico estaba retirado. Publicó en Londres en 1810 *Poesías patrióticas*, que tuvo varias reediciones. Fue un destacado fernandista. Falleció en 1837.

(Con motivo de la victoria de Bailén.
Le puso música Fernando Sor)

Venid, vencedores,
de la Patria honor,
recibid el premio
de tanto valor.
Tomad los laureles
que habéis merecido
los que os han rendido
Moncey y Dupont.

Vosotros, que fieles
habéis acudido
al primer gemido
de nuestra opresión.

Dupont, terror del Norte,
fue vencido en Bailén
y todos sus secuaces
prisioneros con él.
Toda la Francia junta
llorará este baldón.
Al son de la Carmañola
¡Muera Napoleón!

(Cantado en Madrid, el 23 de agosto de 1809)

Los tres tienen hoy calle en Madrid en recuerdo de su obra y compromiso.

LOS SONES OLVIDADOS

ALGUNAS CANCIONES POPULARES de las que se cantaron en aquellos días se han ido perdiendo sin nadie que las transmitiera. El trabajo de algunos documentalistas, como Francisco Olmeda, nos permite hoy conocerlas. Fueron cantadas recientemente por el trovador zamorano Joaquín Díaz y se pueden encontrar en la página web de su Fundación (http://www.funjdiaz.net).

Existen otras versiones de algunas de las canciones halladas en otros archivos y documentos. Traemos aquí algunas de ellas por su extraordinario interés a la hora de entender cómo pensaba el pueblo en aquellos días, cuáles eran sus sensibilidades, y cómo utilizaban este medio para decir cosas que no se podían decir por ningún otro, aunque las más de las veces no les entendieran.

Son notables dos cosas. La primera, el tono burlesco con el que se hizo escarnio de personajes como José I Bonaparte, al que se le tilda de borracho frecuentemente —no en vano le quedó el apodo que figura en la primera canción, Pepe Botella—. A Fernando VII, en principio la esperanza de los españoles, se le trata con cariño, pero posteriormente las burlas también se dirigen hacia él, llamándole «narizotas», por ejemplo.

Los sentimientos patrióticos son entonces muy fuertes, y se manifiestan a través del odio a los franceses y a quienes abogan por ellos, los llamados «afrancesados». Son cantos de llamada y arenga al sacrificio individual y colectivo para liberar una patria oprimida, pero sobre todo humillada.

Se emplearon la mayoría de los géneros que aún sobreviven, desde la soleá a la sardana, pasando por el fandanguillo. Otros, como las tiranas (por las frases ¡Ay tirana, ay tirana!) y jácaras (evolución de las jarchas árabes), han desaparecido prácticamente desde entonces, aunque han influido en otros géneros musicales.

Una de las características principales de las letras es la improvisación, que las convierte en alocuciones sencillas, aunque cargadas de fuerte contenido simbólico para quienes las emplearon en contra de los franceses como si fueran un arma más.

Pepe Botellas (1809)

Pepe Botella
baja al despacho;
No puedo ahora,
que estoy borracho.

Anoche, Pepe Botellas,
anoche se emborrachó
y le decía su hermano:
borracho, tunante, perdido, ladrón.

Ya se fue por las Ventas
el rey Pepino,
con un par de botellas
para el camino.

En tu cuerpo han entrado
tantas bodegas,
que hasta el vino tienes
El alma llena;
de lo que infiero
que de cántaro el alma
tiene tu cuerpo.

Pierde cuidado, Pepe,
que aunque no quieras,
has de ser rey de España
por tus botellas,
pues ellas solas
te harán de tus estados
gran rey de copas.

Marqués de la Romana (1810)

Marqués de la Romana
Por Dios te pido
Que saques a los franceses
De Ciudad Rodrigo
Marqués de la Romana
Por Dios te ruego
Que saques a los franceses
A sangre y fuego.

—-

(A la que se puede añadir otra estrofa)

Napoleón Bonaparte
¿qué tal te parece España?
Ya tienes en tu presencia
Al Marqués de La Romana.

A los afrancesados

ahora es la hora,
que quieran que no quieran,
de echar la mosca.

Yo no los nombro
a ninguno de ellos,
ni los conozco.

Andaluces, alerta
con los cañones,
no temáis a la Francia,
ni a los traidores;
pero alentarse
porque todos los días
van a la cárcel.

> *¿Quién podría en Sevilla*
> *tener un doblón*
> *cuando vivía en ella*
> *tan fino Ladrón?*
> *Es más ventaja*
> *ser ladrón de dinero*
> *que de Guevara.*

La siguiente fue muy famosa y popular, lo que la llevó a ser cantada por mucha gente, como nos recuerda Ramón de Mesonero Romanos en *Memorias de un setentón*. Incluso, con diversas modificaciones fue recordada hasta mediados del siglo XX.

Hoy día, la frase «esto es Juan (Juana) y Manuela», ha quedado como forma de referirse a lo que es totalmente inútil, en memoria de cómo querían los madrileños con ella que los franceses dejaran volver a Fernando VII, sin resultado alguno. Entre otras cosas, porque no entendían la ironía que contenía.

Juana y Manuela (1815?)

Cuando el rey don Fernando, larena,
Va a la Florida
Juana y Manuela, va a la Florida
Hasta los pajarillos
Le dicen: ¡Viva Prenda!

Cuando el rey don Fernando, larena
Sale en calesa
Juana y Manuela, sale en calesa
Todas las madrileñas
Se me embelesan ¡Prenda!

Una canción que ha sobrevivido dos siglos

¿Se canta hoy alguna canción de aquellos días?

Pues sí…, y además todo el mundo la conoce y quizá la ha entonado alguna vez o escuchado a Juanita Reina en la película *Lola La Piconera (1952)*, dirigida por Ricardo Blasco y Luis Lucía. Existe otra versión famosa cantada por Lolita Sevilla.

Veamos:

Versión popular actualizada:

Váyanse los franceses
en hora mala,
que Cádiz no se rinde,
ni sus murallas.

Con las bombas que tiran los
fanfarrones
se hacen las gaditanas
tirabuzones

Que las hembras cabales en
esta tierra
cuando nacen ya vienen
pidiendo guerra

Y se ríen alegres
de los mostachos
y de los morriones
de los gabachos

Versión recogida en cancioneros antiguos:

Marica (1812)

Con las bombas que tiran
Los valentones
Hacen las gaditanas
Tirabuzones.

Traile Marica traile
a Napoleón
Verás como le damos
La constitución.

In memoriam

Es imposible despedirse de Madrid. Pase lo que pase es un lugar que siempre vuelve a la memoria porque se queda con algo nuestro, a la vez que nos atrapa entre sus paisajes. Sucede siempre, incluso en vida nos transformamos en fantasmas de los sitios.

Los lugares donde los hombres han creado, han sufrido o han sido felices, quedan impregnados con el espíritu de los antepasados, que continuamente llaman nuestra atención para que no les olvidemos, porque su única posibilidad de existir es el recuerdo.

Madrid no ha olvidado a los héroes de todas las épocas que han llenado su historia de miríadas de anécdotas y reflexiones. Pero en especial, no lo ha hecho con quienes regaron sus calles con sangre aquel día de hace dos siglos.

Hagamos un experimento. Una peregrinación que nos lleve desde la Plaza de Oriente hacia la Puerta del Sol. Giremos a la izquierda y perdámonos en el laberinto urbano hasta la Plaza del Dos de Mayo. Luego podemos seguir hasta el Retiro pasando por la Plaza de la Lealtad. Vayamos atentos, y veremos cuántas cosas son de entonces. El paisaje de unos hombres heroicos, aunque posiblemente equivocados, que se opusieron a la modernidad, ciertamente, pero también al abuso y a la humillación. Sólo por eso son ejemplo y dignos de nuestra admiración.

Dentro de cien años alguien volverá a recordar este día, y nosotros no estaremos, con toda seguridad, porque ya seremos fantasmas de esta ciudad que tanto amo.

Como hoy, sin embargo, aún quedaran las canciones.

Juan Ignacio Cuesta

Recomendamos a los lectores de este libro que visiten los siguientes portales, donde pueden encontrar diversos documentos relacionados con él, como canciones de la época en formato mp3 interpretadas por el autor:

http://www.nowtilus.com

y

http://www.frayjuanignacio.es
http://frayjuanignacio.blogspot.com

BIBLIOGRAFÍA:

CANALES TORRES, CARLOS: *Breve Historia de la Guerra de la Independencia*. Nowtilus. Madrid, 2006.

CAPDEVILA, JUAN (Director de Colección): *Historia de España*, Tomo 9. *La transición del Antiguo al Nuevo Régimen (1789-1874)*. Editorial Planeta. Barcelona, 1988.

CARPENTIER, ALEJO; PÉREZ GALDÓS, BENITO y BLANCO WHITE, JOSÉ MARÍA: *1808. El dos de mayo, tres miradas*. Fundación Dos de Mayo, Nación y Libertad, Madrid, 2008.

DÍAZ PLAJA, FERNANDO: *La guerra de la Independencia*. Editorial Planeta. Barcelona, 1994.

PÉREZ REVERTE, ARTURO: *Un día de cólera*. Alfaguara. Madrid, 2007.

QUEIPO DE LLANO Y RUIZ DE SARABIA, JOSÉ MARÍA: *Historia del levantamiento, guerra y revolución de España*. Francia, 1832.

RÉPIDE, PEDRO DE: *Las calles de Madrid*. Compilación, revisión, prólogo y notas de Federico Romero. Afrodisio Aguado, Madrid, 1981.

DOCUMENTACIÓN INTERNET

Fundación Joaquín Díaz: http://www.funjdiaz.net

http://www.1808-1814.org

http://voluntariosdebailen.mforos.com

http://madridhistorico.com

Con especial agradecimiento a los desaparecidos don Federico Carlos Sáinz de Robles y don Santiago Amón por la documentación adicional.

Juan Ignacio Cuesta es licenciado en Ciencias de la Información. Ejerce diversas actividades de investigación periodística relacionadas con la historia. Ha colaborado con las revistas *Enigmas del Hombre y el Universo, Más Allá de la Ciencia, Año Cero* y la desaparecida *LRV*. Los fines de semana, con el pseudónimo de «Fray Juan Ignacio» colabora en el programa de radio la *Rosa de los Vientos*, dirigido por el ya desaparecido Juan Antonio Cebrián (Onda Cero) y eventualmente con otros de radio y televisión (*Código Rojo, Tiempo de Tertulia, Cuarto Milenio*). A esto hay que añadir treinta años como diseñador gráfico.

En Editorial Nowtilus ha publicado *Piedras Sagradas y Breve Historia de las Cruzadas*, además de intervenir en la confección de algunas colecciones. Es coautor de varias obras colectivas publicadas por Templespaña-Aguilar, *Codex Templi, Hispania Incognita* y la *Gran Guía de la España Templaria*. También en Aguilar, la compilación *Gótica y La Boca del Infierno*, sobre el Monasterio de El Escorial. En Espejo de Tinta, *La Vida secreta de los Borgia y Guía pagana del Camino de Santiago*. Como docente imparte un módulo de redacción en el Máster en comunicación periodística, institucional y empresarial, Universidad Complutense.

Su afición por la naturaleza se resume en 40 años de aventuras como montañero, espeleólogo, ciclista y caminante.